O homem cordial

SÉRGIO BUARQUE DE HOLANDA nasceu em São Paulo, em 1902. Foi historiador, crítico literário e jornalista. Depois de lecionar em várias escolas superiores, como a Universidade do Distrito Federal e a Escola de Sociologia e Política de São Paulo, tornou-se, em 1956, catedrático de História da Civilização Brasileira na Faculdade de Filosofia da Universidade de São Paulo (USP). Faleceu em 1982. Intelectual reconhecido internacionalmente, é autor de *Raízes do Brasil* (1936), um dos maiores clássicos da historiografia brasileira.

LILIA MORITZ SCHWARCZ nasceu em 1957 em São Paulo. É antropóloga, historiadora, escritora e editora. Professora titular no Departamento de Antropologia da Universidade de São Paulo (USP), trabalha com temas relativos à questão racial no Brasil, aos marcadores sociais da diferença, à história da arte e à história do Império e da República Velha. Foi *visiting professor* nas Universidades de Oxford, Leiden, Brown e Columbia, e é *global professor* da Universidade de Princeton. É autora, entre outros, de *O espetáculo das raças*, *As barbas do imperador — D. Pedro II, um monarca nos trópicos* (prêmio Jabuti Livro do Ano, em 1999) e *O sol do Brasil* (prêmio Jabuti de melhor biografia, 2009).

ANDRÉ BOTELHO é professor do Departamento de Sociologia da UFRJ e pesquisador do CNPq e da Faperj. Escreveu, entre outros, *Aprendizado do Brasil* (Editora da Unicamp, 2002) e *O Brasil e os dias: Estado-nação, modernismo e rotina intelectual* (Edusc, 2005); e organizou, entre outros, *Um enigma chamado Brasil: 29 intérpretes e um país* (Companhia das Letras, 2009) e *Agenda brasileira* (Companhia das Letras, 2011), ambos com Lilia Moritz Schwarcz.

Sérgio Buarque de Holanda

O homem cordial

Seleção de
LILIA MORITZ SCHWARCZ
ANDRÉ BOTELHO

7ª reimpressão

COMPANHIA DAS LETRAS

Copyright do texto © 2012 by espólio Sérgio Buarque de Holanda
Copyright da seleção © 2012 by Lilia Moritz Schwarcz e André Botelho

Grafia atualizada segundo o Acordo Ortográfico da Língua Portuguesa de 1990, que entrou em vigor no Brasil em 2009.

Penguin and the associated logo and trade dress are registered and/or unregistered trademarks of Penguin Books Limited and/or Penguin Group (USA) Inc. Used with permission.

Published by Companhia das Letras in association with Penguin Group (USA) Inc.

PROJETO GRÁFICO PENGUIN-COMPANHIA
Raul Loureiro, Claudia Warrak

PREPARAÇÃO
Leny Cordeiro

REVISÃO
Huendel Viana
Ana Maria Barbosa

Dados Internacionais de Catalogação na Publicação (CIP)
(Câmara Brasileira do Livro, SP, Brasil)

Holanda, Sérgio Buarque de, 1902-1982.
   O homem cordial / Sérgio Buarque de Holanda ; seleção de Lilia Moritz Schwarcz. — 1ª ed. — São Paulo: Penguin Classics Companhia das Letras, 2012.
   Bibliografia.
   ISBN 978-85-63560-44-5

   1. Brasil – Civilização 2. Brasil – História 3. Ensaios 4. Holanda, Sérgio Buarque de, 1902-1982 5. Sociologia I. Schwarcz, Lilia Moritz II. Título.

12-02830   CDD-981

Índices para catálogo sistemático:
1. Brasil : Cultura : Civilização : História : Ensaios 981

Todos os direitos desta edição reservados à
EDITORA SCHWARCZ S.A.
Rua Bandeira Paulista, 702, cj. 32
04532-002 — São Paulo — SP
Telefone: (11) 3707-3500
www.penguincompanhia.com.br
www.companhiadasletras.com.br
www.blogdacompanhia.com.br

Sumário

O poder pessoal　　　　　　　　　　7
Poesia e crítica　　　　　　　　　　39
O homem cordial　　　　　　　　　44
Botica da natureza　　　　　　　　　60
Experiência e fantasia　　　　　　　　81

Notas　　　　　　　　　　　　　100

O poder pessoal[*]

Pedro II e Jorge III

É sobretudo durante a guerra que alguns ministérios parecem o reflexo da vontade imperial, e é quando mais desabusadas se fazem as críticas ao poder do monarca. Durante a questão com o Estado Oriental, quando no poder o ministério Furtado, essa crítica, outrora predominantemente liberal, ganha terreno entre os conservadores da velha guarda. Um desses, aludindo, em carta a Nabuco, à campanha movida pelos do Progresso contra o gabinete, aliciado na ala dos "históricos", adverte contra a inutilidade do combate ao ministério por parte dos que simulam ignorar a entidade suprema, que tinha a maior culpa no sistemático falseamento do regime representativo. "É preciso", dizia, "que se atire ao pássaro e não à sombra, e que levemos o responsável, o autor, ao grande tribunal da opinião pública."

Todavia não eram novidade as invectivas contra o "poder pessoal" do monarca. Elas principiaram, de fato, na primeira década da maioridade. Inicialmente criticou-se a política "de reposteiro", acusando-se os áulicos de se valerem do imperador para fazer prevalecer sua vontade. Pouco depois, porém, é o imperador que se vê acusado

---

[*] Em *Do Império à República*, tomo II, vol. 5 da coleção História geral da civilização brasileira, Rio de Janeiro, Bertrand Brasil, 1972.

de servir-se dos áulicos. A mudança foi fixada por Melo Matos em escrito de 1870. Referindo-se ao célebre panfleto de Firmino Rodrigues Silva, dizia o autor: "A expressão Facção Áulica, porém, é empregada neste panfleto de 1847 em um sentido absolutamente diferente do que a circular do sr. Teófilo Otoni e a biografia do sen. Furtado emprestaram à mesma expressão. Com efeito, o panfleto de 1847 representa o imperador subjugado pela facção áulica; nas outras duas publicações o imperador é apresentado como o chefe da facção, dirigindo-a e empregando-a apenas para realizar suas impenetráveis vontades". O opúsculo de Firmino é de 47; de 60 e 67, são respectivamente a circular de Otoni e o livro de Tito Franco de Almeida. Quer dizer que, por volta de 60, se tinha completado a evolução.

Entretanto, já em 1849 surgira pela primeira vez a lembrança de comparar o jovem imperador ao rei Jorge III da Inglaterra, que pretendera ultrapassar a limitada esfera de ação traçada aos monarcas ingleses depois de duas revoluções vitoriosas, e o símile passará a ser obrigatório, nas críticas à prática do regime ao longo de toda história do Império. Antes de cristalizar-se na Inglaterra a interpretação *whig* da história do reinado do terceiro rei da dinastia de Hanover, certos estereótipos criados pela oposição a esse monarca poderiam ter sido tomados, por exemplo, de passagens de Walpole e talvez de trechos de Burke, diretamente ou através de publicistas britânicos, e também franceses do tempo de Luís Filipe, e utilizados como arma contra o alargamento dos poderes da Coroa. Alguns, no Brasil, se satisfariam, no mesmo intuito, com ilustrações tomadas, por exemplo, a Cesar Cantu, cujo liberalismo católico facilmente granjearia adeptos, e cuja *História universal*, acabada de publicar-se em 1846, irá ser, com a *Revue des Deux Mondes*, inesgotável repertório de dados aplicáveis a qualquer situação política pelos nossos homens públicos do Segundo Reinado.

Com o tempo, muitos dos argumentos usados pela oposição inglesa a Jorge III pareceram altamente prestativos na polêmica dirigida contra o "poder pessoal" de d. Pedro, e anexaram-se em definitivo ao nosso folclore político, independentemente da filiação partidária dos que deles se valiam. Não custava, por exemplo, invocar exemplos como o de lord Bute, a propósito de nossa facção áulica dos tempos em que d. Pedro ensaiava os passos na arte de reinar. Paradoxalmente, as primeiras arremetidas contra os "amigos do rei" partiram, aqui, dos conservadores, que se intitulavam, e neste caso por uma inspiração francesa, o Partido "da Ordem", o que é explicável quando se tenha em conta que os manejos dos "áulicos" se fizeram mais clamorosos durante o "primeiro quinquênio liberal". É efetivamente de uma trincheira saquarema que sai o panfleto sobre a dissolução do gabinete de 5 de maio, primeiramente impresso em 1847, e atribuído durante algum tempo a Bernardo de Vasconcelos e até a Honório Hermeto, antes de se identificar seu verdadeiro autor, Firmino Silva.

Logo depois, porém, com a ascensão do ministério de 29 de setembro de 1848 (visconde de Olinda), os *dijecta membra* da seita "luzia", que passavam agora para a oposição, tratam, por sua vez, de retomar as armas que utilizaram antes os seus contrários, e pela pena de Timandro, que aliás colaborara ativamente com os "áulicos" e destes fora protegido, lançam-se contra os que deram ensejo ao triunfo dos conservadores. O alvo tinha mudado, porque desta vez os "amigos do rei" já não são mais Aureliano Coutinho e seus companheiros do rio da Joana, mas o visconde de Macaé e o dr. Cruz Jobim, que passavam por emissários solícitos da "patrulha" saquarema junto ao paço de São Cristóvão. Tinham mudado também as posições respectivas do rei e dos palacianos. Dissera-se antes que d. Pedro se prestara a servir à política destes; agora começaria a apegar-se aos áulicos para deles obter um acréscimo de poder. É ao menos o que sugere a evocação de Jorge III no *Libelo do Povo*.

As primeiras críticas à chamada "facção áulica" tinham surgido a propósito da retirada do gabinete de 23 de janeiro de 43, quando o imperador não quis anuir à exigência de Honório Hermeto, o titular da Fazenda (e de Estrangeiros), e já, por assim dizer, primeiro-ministro — embora só mais tarde surja no Brasil a figura do presidente do conselho — no sentido da demissão de Saturnino de Oliveira de inspetor da Alfândega. Posteriormente, e em mais de uma ocasião, tentará o imperador justificar a atitude que tomara na ocasião, dizendo que, se anuísse à exigência, seria tido como fraco. Numa das suas anotações à margem da biografia de Furtado, escreve: "Ninguém influiu no meu espírito para assim proceder, e depois que meu caráter foi conhecido, eu teria acedido...". Cabe, no entanto, um reparo a este comentário: a influência julgada prepotente sobre o ânimo do monarca adolescente não era a de Honório Hermeto, mas a de Aureliano Coutinho, irmão do funcionário que este quisera demitir. Em todo o caso a tentativa de explicação do imperador já sugere a força e prematuridade de seus zelos de independência. Só cede verdadeiramente aos ministros quando, e porque, já eles estão cientes de que seu ceder não é prova de fraqueza. Cede como quem concede e tem autoridade para não precisar mostrar que a tem.

A era da transação

A conciliação de 1853, inaugurando a época da transação, segundo o nome que lhe deu Justiniano José da Rocha, se por um lado entorpece a fúria das contendas partidárias, deixa, por outro, liberdade mais ampla à Coroa na escolha dos ministros. Durante treze anos, a contar de 1850, não houve necessidade de recurso às dissoluções da Câmara (a última fora decretada em 1849), a princípio por causa do desbarato dos liberais ou luzias, que deixou os conservadores ou saquaremas donos quase incontestados da situação, depois porque praticamente tendia a esvair-se, graças à iniciativa conciliatória, muito aprovada por Sua Majestade, a linha divisória entre ministeriais e oposição. Resultava, do meio dessa política sonolenta, sobressair-se a Coroa que, dispensada de atender ao jogo das facções, era convertida em fator decisório por excelência. Tentou-se golpear o poder das oligarquias provinciais com a introdução do sistema de eleições por distritos de um só deputado (lei nº 842 de 19 de setembro de 1855), logo atenuando nos seus efeitos pelo dos círculos de três deputados (nº 1082 de 18 de agosto de 60), mas nada impedia, ao contrário, que se desenvolvesse um poder oligárquico centralizado, que ia girar em volta de São Cristóvão. A disputa entre facções mudara-se na disputa pelos favores do Paço.

Todavia a vantagem que tirava aparentemente a Coroa da eliminação das contendas partidárias tinha seu reverso necessário. Uma vez que os sucessivos governos não surgiam naturalmente delas, era fácil à oposição dirigir suas baterias contra o poder que, já agora ostentivamente, fazia e desfazia governos. O próprio d. Pedro II, se alguma vez alimentou ilusões sobre as consequências que poderia retirar do desaparecimento ou deterioração das forças políticas, acabou convencendo-se do contrário, quando já em fins da década de 1850-60 começou a desenvolver-se uma oposição crescente contra os "instrumentos" da Coroa, os cortesãos, contra a própria Coroa. A Caxias, que pouco tempo depois lhe observou como a falta de partidos organizados lhe era favorável, retrucou que muito se enganava: não existindo partidos organizados, as acusações iriam recair sobre ele próprio. Porque, acrescentava, sempre se procura alguém "sobre quem descarregar a própria responsabilidade, sobretudo quando a falta de juízo é muita".

A política austríaca

É significativo que justamente por essa época começa a tomar impulso novo a imprensa satírica onde se põem a ridículo os "validos" do Trono e ao cabo a figura do imperador. Esse tipo de oposição é representado, principalmente em 1859, por publicações como o *Charivari Nacional*, e logo depois o *Charivari*, que ambos tentam seguir o mesmo modelo parisiense. Em 1860 um fogoso liberal da Bahia, Landulfo Medrado, serviu-se do pretexto da viagem do imperador às províncias do Norte do Império, e das cortesanias a que dera lugar, para desenvolver com desusada virulência uma crítica aos que, esquecidos da origem popular da única monarquia americana, só queriam cobri-las das "faustosas e mal-ajeitadas vestes das velhas monarquias europeias". Ainda que em algumas páginas o autor chegue confusamente a apelar para a solução revolucionária, em outras parece inclinar-se de preferência para os métodos pacíficos, nascidos da calma reflexão e do resoluto intento de se corrigirem os erros do presente.

Sem outro mérito que não fosse aparentemente o de atender a um apelo do momento, esse escrito que se pretende, já no próprio subtítulo, um "ensaio político sobre a situação", não se atém ao figurino satírico difundido a partir de 1859 em alguns periódicos. Talvez por isso incomodou os amigos da situação. Impresso na província depois de várias dificuldades, especialmente com uma tipografia que, por ter "relações tão especiais com o governo", achou de melhor alvitre destruir a primeira edição, levando o autor a valer-se de outro estabelecimento que a reimprimiu, foi logo reproduzido na Corte pelo *Diário do Rio de Janeiro*, agora sob a direção de Saldanha Marinho. É verdade que saiu no jornal veterano com a advertência de que não se responsabilizava este pelas opiniões do autor, considerando-as errôneas e de fatais consequências: cautela inútil do futuro republicano, que se assim fosse não precisaria contribuir para a maior divulgação do texto subversivo. Três folhetos pelo menos, ao que se sabe, saíram prontamente em defesa das instituições rudemente criticadas pelo foliculário: um de Justiniano José da Rocha, jornalista talentoso, mas um tanto desacreditado, Pinto de Campos, o inflamado áulico, e por fim um terceiro do médico e deputado Davi de Canavarro, bisonho libelista contra libelos e que nada tem a ver com o general quase homônimo.

Denuncia Medrado especialmente o que lhe parece uma insidiosa manobra da Corte: a desmoralização sistemática dos partidos para que só um indivíduo se salve do naufrágio geral. Já descrente dos outros seus delegados, descrente de si, se decidiria a nação a abdicar de sua soberania nas mãos do único poder que não se maculou, na pessoa "inviolável e sagrada". Para isso cunha o autor uma fórmula: chama-lhe "política austríaca". Numa época em que Francisco José, com a derrota de Solferino, acabava de relaxar um pouco seu regime autocrático, evitando, embora, o uso da palavra "constituição", a fórmula não tinha muito sentido, pois o que Landulfo quer retratar é a afirmação crescente do poder pessoal do chefe de Estado que busca emergir todo-poderoso da ruína dos partidos. Nem d. Pedro tem semelhança com o primo vacilante e birrento, nem a verdadeira política austríaca era suficientemente conhecida do grande público para garantir, no Brasil, a popularidade da fórmula. O mais provável é que o paralelo tenha sido sugerido pelas ligações de família entre os dois imperadores: filho de uma arquiduquesa, o brasileiro era neto de Francisco I da Áustria, como Francisco José e também como Maximiliano, que andava, por sinal, na Bahia, ao tempo em que se compunha o panfleto.

O fato é que as glosas à política "austríaca", atribuída a d. Pedro II, não impressionaram por muito tempo o público, contrariando previsões de Justiniano José da Rocha. "É a primeira vez que semelhante expressão aparece: não duvidamos que seja aceita", escreveu o insigne jornalista. Apenas o nome de seu autor, panfletário e durante algum tempo deputado geral por sua província, passou a exercer singular sedução sobre várias gerações de políticos liberais. Dele muito esperaram os adversários das oligarquias e do poder pessoal do monarca, mas pouco sobreviveu à publicação do panfleto. Efetivamente, no mesmo ano em que sai o opúsculo sobre "os cortesãos e a viagem do imperador", o ano também da "circular" de Otoni, sua voz cala-se para sempre. A razão de uma celebridade, que de outra forma não se explicaria para o leitor de hoje, devia estar no ter sabido exprimir no momento certo um sentimento de que muitos partilhavam.

Imperialismo

Mas se aquela sua "política austríaca" não encontrou a repercussão que se tinha esperado, um outro nome — "imperialismo" — alcançará longevidade incomum e servirá, mesmo depois da república proclamada, como um dos designativos prediletos para a famoso "poder pessoal" do imperador do Brasil. Nesse sentido especial nada tem a ver, como seria possível pensar, com a política imperial no Prata, que muito denunciada, embora, pelos propagandistas da república, estaria mais de acordo com o uso moderno da palavra. No Brasil já se fala em "imperialismo" como sinônimo de "poder pessoal" do imperador, durante a década de 1860-70, ao passo que o significado hoje mais usual dessa palavra só vai surgir, segundo alguns historiadores, depois de 1890 na Inglaterra.[1] Outros, que procuraram data mais recuada para seu aparecimento, não a encontram, em todo caso, antes de 1878,[2] localizando-a igualmente na Inglaterra. Tendo aparecido no Brasil em era mais remota ainda que com outro sentido, não quer isto dizer que seja criação original. Como tantas outras palavras de nosso vocabulário político, durante o império, essa é de procedência francesa. "Imperialismo" também significava, na França, o poder pessoal de Napoleão III, depois de ter designado simplesmente o partido desse imperador, em contraste com os partidos do rei — legitimista e orleanista — e o republicano.

No Brasil, e em 1867, denunciava Tito Franco de Almeida, o biógrafo do conselheiro Furtado, a existência de uma esfinge que ia "arruinando o Império desde Marabitanos e Cabo Branco até Castilhos e Javari. Imperialismo chamo-a eu". Mas embora o autor pareça com essas palavras aspirar à glória do achado, o certo é que, já com antecedência de alguns meses, havia saído na Corte, do prelo da Laemmert, um folheto anônimo intitulado *A revolução e o imperialismo*, que erradamente se atribuiu a A. C. Tavares Bastos. Tinha a data de 1866. Mas já em 1865 aparecera, também no Rio, impresso pela Tipografia Perseverança, outro escrito, igualmente anônimo, porém de autoria do deputado A. A. de Sousa Carvalho, que trazia o título de *O imperialismo e a Reforma*. 1865 bem pode ter sido o ano em que a palavra se introduz no Brasil, dado que na França, como sinônimo de "poder pessoal" do chefe de Estado, ela toma corpo aproximadamente com os clamores que suscitara a dispendiosa aventura mexicana de Napoleão III, forçando este afinal a tentar substituir pela chamada "monarquia liberal" o inveterado cesarismo dos Bonapartes.

Desses panfletos, se o primeiro e o último, escritos respectivamente por um liberal histórico e um "liberal" que muitas vezes está mais perto dos conservadores, dão ambos sentido depreciativo à expressão, designando por meio dela a abusiva hipertrofia do poder do chefe de Estado, o de 1866, embora sem que precise o autor o que entende por ela, pois emprega-a no título apenas, não no texto, o que pede é exatamente essa hipertrofia. Segundo o anônimo, que é refratário a qualquer filiação partidária, nada praticamente se salvava no país, a não ser o imperador. É em suma a teoria que Landulfo expusera seis anos antes, mas para condená-la, ao passo que o novo libelista trata de coonestá-la por julgar d. Pedro o "mais brasileiro dos brasileiros, o mais liberal dos liberais". Não quer isto dizer que seja ele próprio um adepto do liberalismo tal como geralmente se entende essa palavra. Aceita de bom grado o rótulo, mas reclama de d. Pedro que se desfaça das forças políticas que tradicionalmente o cercam — "mate por vez o filhotismo conservador, progressista ou liberal" — para enfim governar entre os aplausos da multidão. Também aceita a base democrática para as instituições nacionais, mas o que deseja é uma democracia plebiscitária, através de nova investidura popular, que situe o imperador, não os partidos, não os ministros, não o parlamento, à origem de todas as decisões políticas.

O folheto ilustra bem certa mentalidade que começara a difundir-se no Brasil, e não só no Brasil, durante a década que se iniciou em 1850, principalmente no meio militar, impressionado diante da boa fortuna aparente, e ainda não refutada pelos fatos, do Segundo Império francês. Só ao entardecer da monarquia brasileira é que ela se alastrará mais facilmente entre elementos civis, mas agora já não servirá para fortalecer a posição do imperador, identificado cada vez mais como parte ou causa na corrupção geral. Baseados em casos comprovados de malícia ou inépcia de homens públicos, os representantes dessa mentalidade formulam uma imagem genérica e homogênea do inimigo a combater, que não precisa corresponder à realidade, mas funciona facilmente como bode expiatório para todos os ressentimentos individuais ou coletivos, inclusive os que resultam do crônico atraso nos pagamentos dos soldos ou da demora nas promoções. Os que assim pensam não estão longe de julgar que um poder muito diluído e sujeito a contestações tende a corromper-se, ou a corromper, ao passo que o poder discricionário, concentrado em uma só ou em poucas mãos, é menos suscetível de cair em erro. Por serem mais puras as mãos?

Nessa curiosa inversão de um famoso conceito de lord Acton pode estar a origem de todos os despotismos. Mesmo quando usa a capa do liberalismo, como se vê em *A revolução e o imperialismo*, numa época em que liberais eram os padrões políticos de maior crédito. Seria ilusório querer relacionar a ideia central desse panfleto com as de José de Alencar, por exemplo, apesar de certas semelhanças de superfície. Do José de Alencar de antes de 1870, bem entendido, de antes do malogro das pretensões à senatória. Nas *Cartas de Erasmo*, publicadas, por sinal, naquele mesmo ano de 66, o que se quer é que exerça, enfim, o imperador, as atribuições que lhe competem, isto é, tanto as do Poder Moderador, a ele delegado privativamente, como as de chefe do Executivo e primeiro representante da nação. Todas se acham estatuídas, aliás, na Constituição do Império e são esposadas pelas alas intransigentes do Partido Conservador, tendo como lema a fórmula de Itaboraí: o rei reina, governa e administra. O que está longe de ser autorizado pela Constituição é a fórmula de Thiers, segundo a qual o rei "reina e não governa". No entanto foi essa fórmula introduzida no Brasil em 1841 por dois representantes ilustres de ambos os partidos: a 19 de maio, na Câmara dos Deputados, pelo liberal Antônio Carlos,[3] e exatamente dois meses depois, a 19 de julho, pelo conservador Justiniano José da Rocha na gazeta *O Brasil*, que dirigia.

Convém notar, a propósito do "imperialismo", que não era, este, um termo unívoco, pois tanto podia indicar a hipertrofia do poder imperial como as pessoas ou o partido que parecessem dar respaldo à ação do imperante. O biógrafo do conselheiro Furtado declarava, por exemplo, em seu livro, que pretendia reconhecer e denunciar com esse nome a causa "verdadeira e única da decadência política e social do país, embora deva incorrer no *anatema sit* de todos os cortesãos (ou que se presumem tais) passados presentes ou em perspectiva, quer nascidos de sangue azul (espécie que não reconheço no Império), quer *parvenus* ou fidalgos em caricatura". Linhas adiante ainda nota que "o imperialismo é o que Chattam qualificava de influência perversa e Rockingham de desastrosa e maléfica. Idêntica a causa, idêntico o efeito no Brasil". E ao abordar a ascensão em 1841 dos conservadores, sucedendo ao gabinete liberal da Maioridade, atribui o acontecimento a mero capricho do imperialismo.

D. Pedro, que anotou copiosamente seu exemplar do livro, escreveu à margem desta última passagem: "Se o imperialismo não é o imperador, mas o partido que se serviu da inexperiência dele, concordarei, embora cumpra recordar os erros cometidos pelo Ministério da Maioridade, ou antes por alguns de seus membros, e as discussões que houve antes de ser dissolvida a primeira Câmara da Maioridade". O biógrafo admitira esta inteligência da palavra, mas em alguns lugares também aponta o imperador como o principal responsável pelos vícios que corroem a vida política no país. Se não os acalentasse a Coroa, como poderiam crescer e vicejar? A respeito pode-se ter presente o que disse também Melo Matos da chamada "facção áulica": antes afirmou-se que se servira do imperador; mais tarde pretendeu-se que os áulicos serviam ao imperador.

Nos últimos tempos da monarquia vai prevalecer com frequência a última interpretação. Cada vez mais passam a ser acusados do crime de imperialistas os homens ou facções sobre cujos ombros d. Pedro parece fazer descansar a sorte do trono, ou os que sustentam, contra quem tente subverter, a ordem estabelecida. E como o decisivo predomínio, tanto na casa vitalícia como no conselho de Estado, pertence a conservadores que, instalados nessas altas posições, podem estorvar medidas que não sejam do gosto do monarca, é natural que o rótulo fosse aplicado de preferência aos grandes expoentes do partido da "Ordem". Imperialistas passavam a ser, em suma, os homens do imperador, e na sua concisão sugestiva e cômoda, servia a palavra à polêmica antimonárquica. O último a usá-la nessa acepção será provavelmente o conselheiro Rui Barbosa, na introdução de 1921 aos volumes onde reuniu seus artigos sobre a queda do Império.

As contradições do sistema

É também no ocaso do Império que vão aparecer mais nitidamente as contradições de um sistema pretensamente parlamentarista, mas onde a decisão última cabia ao chefe de Estado, que em algumas oportunidades a tomou de forma ostensiva. De vez que a explicação para a queda de um ministério, que dispunha de maioria na Câmara, ou para a sustentação de outro que a não tinha, era dada, quando muito, a círculos restritos, e não resultava, senão raramente, de acurada investigação ou debate de órgãos responsáveis, ficava o imperador, que não respondia perante ninguém, erigido em juiz único e sem apelo de sua conveniência. Podia acontecer que, para salvar as aparências, "houvesse por bem" Sua Majestade pedir a convocação do conselho de Estado antes de adotar a medida. Tratava-se, contudo, de simples formalidade, pois que as consultas não alteravam necessariamente uma decisão já tomada, e o discutido deveria ficar entre quatro paredes. Sabia-se, e foi ultimamente dito, que fossem quais fossem os pareceres dos conselheiros, o que acabava por prevalecer era a vontade imperial. Mesmo se contrariassem essa vontade, não mudariam a decisão final, e o decreto rezava invariavelmente: "tendo ouvido o Conselho de Estado, hei por bem dissolver a Câmara dos senhores deputados".

Em parte é impossível separar a preeminência quase tranquila da vontade do monarca de vestígios ainda persistentes do velho princípio de que, pela simples filiação ou pela unção real, dispõe o soberano de uma espécie de poder sagrado, de qualquer forma sobranceiro a razões humanas e que, por si só, lhe dá força para convalidar suas decisões pessoais. Por outro lado, é fora de dúvida que, mesmo adotando o regime monárquico, o Brasil fora e continuava a ser afetado pelas consequências de um longo esforço intelectual tendente a eliminar da coisa pública esses créditos ao sobrenatural e ao arbitrário, que procuram intervir de modo negativo sobre uma sociedade política, agora edificada em bases racionais e modernas. É verdade que o chefe supremo da nação era solenemente declarado imperador "pela graça de Deus e unânime aclamação dos povos", mas justamente o dualismo equívoco dessa fórmula, inscrita já à página inicial da carta outorgada, pôde permitir que não se dê à sua primeira parte senão valor comparável ao de certos sinais de cortesia ou respeito exterior mantidos apenas por uma convenção ancestral.

Nem os conservadores mais intemeratos pensavam, entre nós, de outra forma,[4] e deles, tanto quanto dos liberais, procedem muitas das recriminações crescentes contra o chamado poder pessoal do monarca. Quando, em 1884, o conservador Ferreira Viana apostrofou com violência inusitada o "príncipe conspirador", "César caricato", seu principal alvo era a constância com que o imperador se valia, sem razões plausíveis, do recurso extremo das dissoluções da Câmara: "quarenta anos de usurpações bem-sucedidas, de liberdade constitucional quase suprimida, terão talvez animado o poder até fazê-lo arrostar a opinião pública do país e desferir sobre a Câmara o golpe mortal da dissolução". Aludindo ao trabalho sistemático do chefe da nação para debilitar os partidos, com o fito de impunemente governar sobre os destroços da opinião pública, teve o cuidado, o orador, de precisar que a ninguém envolvia na denúncia, fazendo-a em nome pessoal, sob sua própria e exclusiva responsabilidade, teve de imediato o apoio de seus correligionários, principalmente de Andrade Figueira, o mais irredutível dos conservadores fluminenses, que exclamou: "Pode associar também a minha".

Dissipada a auréola sagrada do monarca, em que ninguém acreditava seriamente, o normal era que as decisões da Coroa fossem ressentidas de todos os lados como atos perfeitamente caprichosos e, mais do que isso, nefastos ao bom funcionamento das instituições. Ao cabo de algum tempo, sua reiteração excessiva tomava o aspecto de fastidiosa e monótona pantomina. De um dos ministros do 24 de maio dizia-se, por exemplo, que despedido o efêmero gabinete, desabafou ante os amigos, exclamando: "Acabou-se a farsa. Estamos demitidos". De outro, que pertenceu ao ministério Itaboraí de 16 de julho, constou que teria declarado logo em seguida à renúncia coletiva resultante de uma verdadeira conspiração do Paço: "O imperador já não nos podia tolerar".

As mudanças intempestivas de governos, motivo de eternas especulações nas gazetas, nas tribunas, na praça pública, por se prenderem a motivos insondáveis, quando não eram atribuíveis ao simples fastio do imperador, cansado de despachar todas as quartas-feiras e sábados com os mesmos homens, haviam de deixar um rastro de insatisfação que não atingia apenas os que se julgassem preteridos pelo arbítrio da Coroa. Por ocasião das dissoluções, que a todos indiscriminadamente ameaçavam, porque se hoje feriam os conservadores, lembravam aos liberais que a vez deles podia vir amanhã, devia agigantar-se o desalento. Segundo os costumes políticos que se introduziram com o Segundo Reinado, não segundo a Constituição, a arma visava sobretudo a mudar ou manter alguma situação partidária, a critério sempre do poder irresponsável. Na última fase do império, longe de amenizar-se, à vista de clamores como os de 68, pode dizer-se que se tornou, ao contrário, mais insistente o recurso a ela.

O fato é que, entre meados de 1868 e fins de 1889, todas as legislaturas, menos uma, vão ser interrompidas pela medida extraordinária. Nesses 21 anos só completarão normalmente seus mandatos os deputados para a décima quinta legislatura, eleitos, aliás, para a preservação do ministério Rio Branco das consequências de um repto da oposição conservadora que se separara do governo. A última Câmara da monarquia, que deveria corresponder à 21ª legislatura, tendo resultado das eleições de 31 de agosto de 1889, durante o ministério liberal do visconde de Ouro Preto, também vai ser dissolvida abruptamente. Dessa vez, entretanto, por efeito de um movimento sedicioso que, segundo a primeira intenção de seu chefe, visava apenas a mudar o gabinete, mas acabará deitando por terra a monarquia.

Soberano popular e sanção divina

É nas duas décadas anteriores à proclamação da República que mais claramente sobem à tona numerosas contradições íntimas do sistema político do império: contradição entre o princípio moderno da soberania popular e o da sanção divina; entre um sistema nominalmente representativo e a carência de verdadeira representação; entre um regime de natureza aristocrática e a inexistência de aristocracias tradicionais; entre um liberalismo formal e a falta de autêntica democracia; finalmente entre uma carta outorgada, de cunho acentuadamente monárquico, e uma Constituição não escrita que pende para o parlamentarismo. A presença de alguns desses contrastes não constituiria uma novidade, pois não faltam na história das nações modernas exemplos de como eles podem por algum tempo coabitar; a novidade está em terem conseguido equilibrar-se tão longamente, quase três quartos de século, e em tamanha profusão, em terra onde tudo pareceu conspirar, desde o começo, contra sua sobrevivência.

A própria Carta constitucional do império já oferece problemas embaraçosos, cuja solução se presta a infindáveis controvérsias. De conformidade com o artigo 102, para citar um exemplo, o imperador é o chefe do Poder Executivo e o exerce através dos seus ministros de Estado. Mas o artigo 99 declara que a pessoa do imperador é inviolável e sagrada, não se sujeitando a responsabilidade alguma. A dificuldade de dissociar de uma ação, com todas as suas consequências, aquele que a exerce legalmente, tentariam alguns resolvê-la pretendendo que a chefia seria puramente honorífica, e então toda iniciativa cabe aos agentes que, assim, justamente, podem responder por elas. Nessa direção procura argumentar o liberalismo mais consequente. Houve também quem tentasse superar o obstáculo julgando que o chefe apenas preside, inspeciona ou fiscaliza os ministros quando agem em seu nome, mas aqui já se introduz um *non sequitur*. Outros finalmente entendem que o imperador, ainda que irresponsável, também decide, envolvendo-se no governo ativo, e é preciso confessar que nada se opõe na Carta de 24 a este modo de ver.

Além disso, como a Carta não estabelece, mesmo para os ministros, uma responsabilidade política, pois a responsabilidade que estipula é simplesmente criminal, parece claro que seus autores não previram a exigência da confiança da maioria parlamentar para que se mantivesse um ministério. Em discurso de 2 de agosto de 1869 na casa vitalícia, o barão do Bom Retiro não toca neste último ponto quando, ao abordar a questão da responsabilidade dos ministros, só toma conhecimento da responsabilidade criminal. Ao dia seguinte, porém, falando também no Senado, o conselheiro Nabuco de Araújo reporta-se à oração de seu colega para advertir que, segundo os "usos modernos do sistema representativo", se entende como responsabilidade dos ministérios a responsabilidade política, traduzida pela censura parlamentar. Em todo caso, prossegue, "o que queremos é que a Coroa fique resguardada pela responsabilidade dos ministros, qualquer que ela seja, moral, política ou legal". O fato, porém, é que nem todos, a começar por d. Pedro II, pareciam confiar na bondade desses "usos modernos" que eram os do parlamentarismo inglês.

É mister redizer que, embora o primeiro imperador tivesse anunciado que sua Carta constitucional haveria de ser "duplicadamente mais liberal" do que o projeto de 1823, tudo mostra que seus autores tiveram muito mais presente o espírito da Carta francesa de 1814 do que os princípios do parlamentarismo da Inglaterra. O próprio Benjamin Constant, em cuja doutrina largamente se inspiraram os homens de 24, entre nós, se achava ainda estreitamente ligado ao ideal da distinção dos poderes, incompatível com a prática do sistema parlamentar, e não chegou assim a desenvolver cabalmente uma teoria da responsabilidade dos ministérios. E Royer-Collard, o "filósofo" da *Charte*, pretendera expressamente, em 1816, que os ministros são ministros do rei, não ministros da Câmara. "É uma ideia ao mesmo tempo francesa", dizia, "e constitucional, essa de que o rei há de governar o seu reino e de falar e agir por intermédio de seus ministros, salvo quando os atos e palavras destes contrariem a lei do Estado."

Assim pensava o Royer-Collard de 16 e assim o julgaram muito provavelmente os nossos constitucionalistas de 24, embora não se pudesse dizer do francês que tivesse uma doutrina monolítica. No meio das cambiantes oferecidas pela *Charte* a que se resignou o legitimismo contrarrevolucionário dos Bourbons, havia sempre onde buscar soluções que se adaptassem às circunstâncias mutáveis. Assim é que pelo ano de 26, após a ascensão de Carlos x, mais inflexível do que seu antecessor, o próprio filósofo da Carta de 1814 já se inclina para a teoria dos ministérios politicamente responsáveis. A vantagem desse sistema se imporia na França principalmente depois de 30, sob Luís Filipe, embora a lei fundamental não falasse em responsabilidade política dos ministros, repetindo apenas, nesse particular, dispositivos da *Charte*, de que é apenas uma revisão. As dúvidas suscitadas em torno da latitude dos poderes da Coroa suscitaram-se ali de imediato e irão tomando vulto até a queda do rei-cidadão, menos de vinte anos depois.

A teoria do poder moderado

No Brasil a prática do governo das maiorias, que não vem da Constituição, principia a ser tentada por volta de 1837, dando margem às mesmas incertezas, que persistirão sem mudança sensível através de meio século e mais. Ainda existiu aqui, além dos três poderes clássicos, um quarto, inspirado, como se sabe, por Benjamin Constant, que o declarara implícito em todas as Constituições verdadeiramente liberais e a que deu o nome de poder neutro ou real. Pela Constituição imperial brasileira ele se torna explícito, e passa a chamar-se Moderador. Até aqui não se altera substancialmente o espírito do original, porque no texto de Constant o poder real tem função mediadora, tutelar, moderadora (não ativa, imperante e reguladora, como o Executivo). Entretanto os autores da carta de 24 decretam que o Moderador é a "chave de toda a organização", ao passo que o tratadista que os inspirara dissera que a chave de toda a organização política é a *distinção* entre esse poder e o Executivo. A questão também não é muito importante à primeira vista, porque o próprio Benjamin Constant, apesar de seu liberalismo, também situa o rei no vértice do sistema. Mas o fato de nossa Constituição não marcar com ênfase a diferença entre um poder neutro e outro ativo dará lugar a dúvidas, sobretudo porque a linha de separação entre ambos deve parecer menos nítida a homens pouco afeitos à inovação.

No entender de Benjamin Constant, os ministros haveriam de dispor, até certo ponto, de um poder que propriamente lhes pertence e não devem considerar-se agentes meramente passivos ou cegos, porque, se assim for, sua responsabilidade, mesmo limitada, será injusta e absurda. Ou então só serão responsáveis perante o monarca pela execução de ordens recebidas, mas isso não está na Carta constitucional. Diz ela que são responsáveis perante a nação pelos delitos praticados, e ainda estipula expressamente que nem os pode salvar dessa responsabilidade uma ordem do imperador, vocal ou escrita. Para o inspirador francês — ou mais exatamente suíço — da Constituição brasileira de 24, o poder ministerial, emanado embora do real (Moderador), passa a ter depois vida própria e separada deste, que fica neutralizado. Com a distinção, assim marcada, entre um poder ativo e responsável e outro neutro, investido de inviolabilidade, desapareceriam as dificuldades que passariam a ter os intérpretes de nossa Constituição a esse respeito.

No entanto, apesar do empenho que pusera Benjamin Constant no distinguir os dois poderes, existiu constantemente no Brasil, e até o fim da monarquia, uma tendência para sua confusão. Isso não se dá apenas com alguns conservadores que, pela boca de Itaboraí — embora não se pudesse falar exatamente em doutrina deste ou daquele partido —, queriam um imperador agente, mas também com bom número de liberais. Montezuma que, embora sem filiação partidária claramente definida, era muitas vezes mais radical do que os antigos luzias, havia dito, antes mesmo de Itaboraí, que o rei reina e governa. E Tavares Bastos, que formava, como hoje se diria, na ala esquerda do Partido Liberal, parece ter pensado dessa forma, ao menos durante algum tempo. Furtado, por sua vez, sustentou que a fórmula célebre de Thiers, de que o rei reina e não governa, era inaplicável no Brasil. Quanto a Zacarias de Gois, pretendia que se estendesse até a atos da pessoa inviolável e sagrada, no exercício do Poder Moderador, a responsabilidade ministerial.

Efetivamente, em tratado de 1860, que se reimprimiu em 1862, sobre a natureza e limites do Poder Moderador, sustentara ele que onde o texto constitucional dispõe que esse poder é "privativamente" delegado ao imperador, deve ser entendido que o advérbio se refere à delegação, não à execução. Quanto à escolha dos senadores em listas tríplices, julgava que, segundo a jurisprudência do sistema representativo, não poderá ser admitida nas monarquias constitucionais sem a garantia da responsabilidade do ministério. O mesmo já acontecia com a Fala do Trono, à abertura e ao encerramento das sessões legislativas. É sabido que as Falas, envolvendo semelhante garantia, se presumem obra do ministério no poder. O significado desse ponto de vista é tanto mais considerável quanto a ele está diretamente relacionada a grande crise de 68, em virtude da qual o gabinete Zacarias se retira julgando desacertada a escolha de Torres Homem para senador do Rio Grande do Norte.

Da teoria à prática

O segundo imperador do Brasil jamais quis renunciar totalmente aos direitos e prerrogativas que a lei lhe conferia como chefe de Estado, ainda quando fizesse muitas vezes o possível para adoçá-las na prática. Renunciou, isto sim, a privilégios e títulos, que não pertenciam à essência da realeza constitucional, mas eram atributos por assim dizer ornamentais, exteriores a ela. Concordou, desde cedo, com o não ser chamado soberano, porque a soberania pertencia teoricamente ao povo. Depois de visitar a Europa pela primeira vez, fez questão de ver extinto o velho costume português do beija-mão que, depois de parecer desterrado desde 1831 com d. Pedro I, fora restabelecido antes mesmo da maioridade pelo regente Araújo Lima. Ao lado disso, a imprensa pôde ter imunidades de que no Brasil nunca mais desfrutaria no mesmo grau. Com tudo isso soube resistir sempre às constantes pressões dos que, na crítica ao regime, se deixavam guiar por uma Constituição ideal, atenta à prática parlamentarista.

Entretanto não ousaria Sua Majestade rasgar a teia de um parlamentarismo fraudulento, que se impôs apesar da Constituição, para não merecer a pecha de arbitrário. Que outro nome poderia merecer entretanto o poder que se escorava numa trama de embustes e que, exercido embora com moleza, viria a ser por força caprichoso? D. Pedro II tinha ciência, evidentemente, de que, em nosso sistema, um ministério, que para viver dependia da Câmara, fazia a Câmara segundo seu interesse partidário. Sabia também que só dele, imperador, dependia a dissolução dessas câmaras, quando entendesse que convinha sustentar um governo, pois este haveria de ter os meios decisivos para fazer "eleger" os representantes que quisesse e quando o quisesse. Assim surgiam os gabinetes onipotentes apoiados pelas câmaras obedientes. Quando as burlas se tornassem clamorosas, então podia usar Sua

Majestade da prerrogativa de livremente despedir o ministério e nomear outro que, por sua vez, iria retomar iguais métodos se não pretendesse perecer. Também podia não anuir a um pedido de dissolução ou aconselhar os ministros a restringirem os abusos de poder que levavam a câmaras unânimes. Só até esse ponto ia sua ação moderadora: não queria — não podia? — ultrapassar certos limites para não o terem como "imperialista".

Eram esses alguns lados negativos do sistema. O lado positivo estava na possibilidade de se revezarem no poder os agrupamentos partidários, sob o comando de uma entidade que se presumia estranha a eles. Sem a rotação, dificilmente se poderia evitar que um desses agrupamentos, elevado ao governo, nele se entrincheirasse e afinal se perpetuasse. Os partidos existentes estavam longe, certamente, de representar ideias muito consistentes ou professadas e realizadas, quando chegasse a ocasião de fazê-lo, mas ao menos nesse ponto não se pode dizer que destoassem da prática do parlamentarismo: outro tanto sucedia na própria Inglaterra, onde o sistema teve seu berço. Na Inglaterra não se conheciam também diferenças profundas entre os dois grandes partidos: conservadores e liberais tinham as mesmas bases políticas, sociais, religiosas. Para os outros, os "partidos de ideias", não havia, salvo no caso do trabalhismo, como disputar com bom êxito o poder, e a própria ascensão do Labor Party já pertence ao século xx.

Por onde mais se distanciava a ficção parlamentar brasileira do modelo britânico era pelo fato da subida ou da queda de um ministério depender só idealmente, entre nós, de uma eventual maioria na Câmara popular. De fato dependia só, em última análise de uma opção mais ou menos caprichosa da Coroa. Como as eleições só produziam, no Brasil, resultados que pudessem interessar aos elementos que Sua Majestade houvesse por bem conservar no governo da nação, tem-se que todos os recursos possíveis para a estabilidade ou a substituição dos grupos dirigentes ficavam enfeixados nas mãos de um homem só. Pode-se, pois, dizer que a ação do imperador vinha a suprir neste ponto o papel dos órgãos mais normalmente autorizados a dar expressão à vontade popular e tinha função semelhante à de um corpo eleitoral, do corpo eleitoral que o Brasil não conhecia. Ou cujas manifestações eram sistematicamente distorcidas para aproveitar a algum agrupamento político. A vontade do povo ficava reduzida em última instância à vontade do imperador.

Por essa forma dificultava-se — mas a que preço! — a tranquila consolidação de oligarquias uniformes e todo-poderosas, pois haveria sempre quem disputasse o domínio aos poderosos do momento. O contrário acontecerá depois com a República, sobretudo com a Primeira República, que, a rigor, vai começar com a presidência de Campos Sales. E aconteceu um pouco na monarquia durante os "catorze anos da oligarquia saquarema", onde se inclui a Conciliação e o marasmo político resultante, que aproveitou principalmente ao bando já senhor, sem contraste, da situação. Em ambos os casos a oligarquia sustenta-se sobre um sem-número de influências locais interessadas na preservação desse estado de coisas. Isso vai ser particularmente verdadeiro na República, quando desaparece a emulação partidária. Na monarquia, ainda quando parecessem extintos os partidos, sujeitavam-se as forças políticas ativas ao corretivo potencial que lhe vinha de uma entidade sobranceira.

Ficção democrática

Os malefícios de qualquer governo fundado no consentimento ativo e efetivo dos governados dificilmente porão em grave risco a estabilidade do regime, uma vez que não se oferece um alvo definido para os que contestem a situação, na grande massa dos que participam, através dos sufrágios, do processo político. Outro tanto não ocorre quando a causa dos maus governos e dos abusos de poder é identificável num personagem de carne e osso, que tudo comanda e tudo pode. Sobretudo quando se dissipou a crença na legitimidade das monarquias hereditárias, que reivindicavam a sanção divina para sua autoridade e dignidade. Desaparecida, no Brasil, essa espécie de anteparo sobrenatural, sustentado em provecta tradição, resta apenas, para os apologistas do regime, o argumento de que o chefe de Estado costumava escolher com o mais elevado critério os agentes do poder. Mas como negar que é argumento falível e de pouco peso? Como deduzir a bondade de um regime da bondade de quem nele ocupa a posição decisiva?

Com todas as suas limitações, o imperador era o primeiro a não encarar com serenidade olímpica a insegurança cada vez maior da sua posição. Nada impediria que, com o correr do tempo, viesse a recair nele o peso dos ressentimentos e frustrações a que daria lugar o funcionamento do sistema. Melhor não seria se a responsabilidade de tal situação, em vez de descansar nos ombros de um homem só, capaz de errar como qualquer mortal, vulnerável a censuras como qualquer mortal, se diluísse sobre um conglomerado amorfo de vontades inumeráveis e anônimas, protegidas pelo próprio número e pelo próprio anonimato? Por mais que procurasse auscultar os vaivéns da opinião pública, através das queixas recebidas ou das campanhas da imprensa de oposição, que não raro o feriam, seus critérios de escolha seriam julgados aleatórios, e eram certamente antidemocráticos.

A onda de críticas aos ministros e à Coroa, que se avoluma na esteira da tentativa conciliatória e culmina em 1862 a propósito da inauguração da estátua do primeiro imperador, podia ser uma advertência de que o pior estaria por vir, e d. Pedro não se mostrou indiferente a esse clamor. No mesmo ano de 62 manifestou por mais de uma vez o desejo de ver reorganizados os partidos, com base em pleitos, limpos, onde quer que os houvesse. Já a 1º de janeiro escrevera em seu diário íntimo: "Haja eleições como elas devem ser, e o Brasil terá certo o futuro, e o monarca, dias serenos". Pouco tempo depois, em palestra com Saião Lobato, ministro da Justiça, perguntou-lhe por que razão não se apartavam os bons conservadores dos elementos mais apaixonados. O futuro visconde de Niterói, que não era um modelo de cordura, logo respondeu: "Por causa das eleições". E ao registrar essa resposta, Sua Majestade comentou: "Eis como em geral se entende a política entre nós, que vem a ser quase a arte de achar meios de coonestar injustiças". O imperador jamais se conformara inteiramente com o abandono das eleições por círculos de um deputado, em que pusera as melhores esperanças, e mostra-se agora desencantado ante a impopularidade dos últimos ministérios, que também o atingia.

Mas embora condenasse um sistema que não se fundava no livre sufrágio, acabava tornando-se prisioneiro dele. Se os governos não podiam considerar-se expressão da vontade popular, melhor seria que a escolha fosse encaminhada segundo os desejos de quem não estava sujeito a influências e injunções partidárias. Saraiva, que acabaria por alcançar notável prestígio junto ao trono, principalmente depois de um pleito excepcionalmente correto, realizado durante seu governo, disse uma vez que a Coroa, no Brasil, tinha poder absoluto, igual ao que na França exercia Napoleão III. Havia uma diferença porém, a seu ver, a de que a lei facultava semelhante poder ao imperador dos franceses, e o mesmo não se dava com o imperador do Brasil. Tudo porque eram inexistentes aqui eleições livres. Resultado: d. Pedro podia convidar quem bem lhe aprouvesse para formar um ministério, e este teria como governar arbitrariamente se lhe fossem dados meios para arranjar maioria, quando não unanimidade, na Câmara dos Deputados.

Mas os bons resultados da reforma eleitoral que traz o nome do mesmo Saraiva só se tornaram manifestos na medida em que o seu próprio ministério, e talvez o seguinte, trataram de conduzir os pleitos com isenção. Depois dessa experiência primeira, todos os antigos abusos que ela se propusera abolir surgiram de novo, e agora com a agravante de uma drástica redução no número de eleitores introduzida pela lei de 1880. Um professor estrangeiro da Escola Politécnica da Corte, Louis Couty, apontou pouco mais tarde algumas das falhas principais do sistema eleitoral que veio encontrar no Brasil, quando disse: o que falta aqui é "um povo fortemente organizado, povo de trabalhadores e pequenos proprietários independentes de qualquer oligarquia, povo de eleitores capazes de pensar e votar por si, sem um Estado-Maior constituído de comandante de toda espécie ou de coronéis da guarda nacional".

O resultado dessa situação, que as últimas reformas, longe de corrigir, só serviram para patentear ainda mais os velhos e arraigados vícios, não difere substancialmente do que assinalara o conselheiro Saraiva. Publicando suas observações já ao tempo da Terceira República francesa, não ocorreu a Couty invocar, como o conselheiro baiano, o símile de Napoleão III, mas refere-se com estas palavras à posição especial que ocupava d. Pedro II na monarquia brasileira: "Uma personalidade resume esta nação de 10 milhões de habitantes: todos aqui, os que desejam avançar e os que preferem estacionar, dela reclamam, de seu impulso, as reformas fecundas ou os paliativos ilusórios de que o país tem urgente necessidade e, a não ser numa província, a de São Paulo, a iniciativa privada nem ao menos tenta abordar seriamente os problemas cuja solução se impõe. Tudo depende de uma vontade só e todos ficam à espera dela". Concluindo, ainda escreve: "Nunca, talvez, um homem esteve em condições de fazer tanto por um povo. Segue-se que nunca, talvez, acumulou um homem, sobre seus ombros, o peso de tamanhas responsabilidades".

As responsabilidades do imperador

A uma distância de mais de vinte anos, e agora quase às vésperas da queda do regime, a espécie de autoridade tutelar que pode exercer sobre o Brasil o seu monarca é reportada aos mesmos fatores, ou seja, à imperfeição do sistema eleitoral. E o acúmulo de responsabilidades que de semelhante condição resultava para o imperador, segundo a observação de um estrangeiro que se afeiçoara ao país, assim como os perigos a que com isso o expunha, parecem ter sido entrevistos pelo próprio d. Pedro II naquela passagem do seu diário de 1862 onde falara em eleições como "devem ser", para ter o monarca, no futuro, dias serenos. No intervalo, mais de uma reforma chegou a tentar-se, visando a reparar mal de tão funestas consequências, mas não iam muito além dos paliativos ilusórios de que falaria o professor francês em seus "esboços sociológicos" de 1884. Ilusórios e, diga-se mais, contraproducentes.

A singularidade da monarquia brasileira está nisto sobretudo, que procura ser um regime liberal — apesar de comportar o trabalho "servil" e impor algumas restrições políticas aos que não sigam a religião do Estado —, mas é destituído de base democrática. Por esse lado é mal escolhido o paralelo com o sistema de Napoleão III, pois a ditadura exercida pelo segundo imperador dos franceses é quase até os seus últimos anos de teor nitidamente antiliberal, sem que isso lhe impeça de assumir traços democráticos: um deles está no sufrágio universal, e não é o único. Há nele como um compromisso entre o velho regime francês, liquidado pela grande revolução, e certas fórmulas democráticas, que a própria revolução consagrou. Seja como for, o recurso a essas comparações presta-se facilmente a mal-entendidos e é instrumento de pouca serventia para o historiador de hoje.

Não é demais lembrar aqui a crítica de Marx, no prefácio do *18 Brumário de Luís Napoleão*, ao emprego abusivo da palavra "cesarismo" para definir-se um fenômeno moderno como o do Segundo Império francês. Os que apelam para essa analogia histórica superficial deixam de parte o mais importante no seu entender. Esquecem-se de que, na Roma dos Césares, a luta de classes se verificava sobretudo no meio de minorias privilegiadas, isto é, entre ricos livres e pobres livres. Os escravos, que formavam a grande massa produtiva, representavam a bem dizer o pedestal inerte para a luta. Mas se o nome de "cesarismo" parece inadequado para designar os regimes bonapartistas, seu emprego a propósito do Brasil bragantino resultaria numa simplificação polêmica e traidora, mesmo quando se tenha em conta a presença nele de uma notável massa de escravos totalmente excluída de qualquer participação ativa nos negócios públicos.

Reflexos europeus

Exteriormente, e para um observador superficial, o Brasil do Segundo Reinado se apresenta menos como um reflexo do Segundo Império francês do que como uma espécie de decalque da monarquia do rei cidadão. É efetivamente uma tentativa de cópia da monarquia de julho, mas monarquia de julho sem 48, pois irá persistir até muito depois da deterioração e queda do modelo. Mesmo o título (e a figura) de presidente do Conselho que se dava aqui aos chefes de gabinete, veio da França, da França tanto de Luís Filipe como da Restauração, e chega-nos às vésperas da revolução que, na França, o irá suprimir. Outro exemplo dessa curiosa forma de mimetismo anacrônico é oferecida pelos nossos conservadores, que se atribuem de bom grado o título de Partido da Ordem, mais mavioso do que o de Regresso, no momento em que, com a queda do ministério Odilon Barrot, ia ser esse nome banido do vocabulário político em sua terra de origem. Lá servira ele, no entanto, de lema para a resistência aos sediciosos de toda origem, e agrupara os representantes do grande capital financeiro. Aqui, serve aos que pretendem opor um paradeiro aos motins libertários e que, tendo começado por aliciar um poderoso elemento urbano, oriundo em parte dos antigos restauradores e "caramurus", tratará de congregar depois, e nunca o conseguirá completamente, o patriciado rural.

Mas ao lado desse influxo francês não se pode esquecer um outro, igualmente importante, que continuava a vir da antiga mãe-pátria lusitana. Porque, se o nome de Partido da Ordem é de inspiração francesa, também houve em Portugal os "ordeiros", ala moderada dos setembristas, nascida com a "revolta dos marechais", que data de 1837, o mesmo ano em que surge no Brasil o Partido Conservador. E nomes atribuídos no Reino a alguns dos matizes liberais, que incluem, de um lado os "vintistas", adeptos da Constituição das Cortes, até os cartistas que se batem pela Carta outorgada de 1826, por sua vez de origem brasileira, irão ter seus correspondentes no aquém-mar. Assim os nossos "progressistas", que surgem no Brasil depois de 60 em oposição aos do "regresso", têm antecedentes portugueses desde 1836 pelo menos, embora como organização partidária aparecessem em 42. E mesmo os "históricos" brasileiros, que surgem aqui para contrapor-se aos progressistas, já têm precedentes portugueses, com esse nome, por volta de 56, embora não se oponham eles necessariamente aos progressistas, pois há até progressistas-históricos em Portugal.

Entretanto não há que se fiar demais nessa fachada europeizante, que pode servir antes para esconder do que para revelar as verdadeiras condições da sociedade brasileira, que por força haveriam de refletir-se na vida política. O movimento de emancipação nacional teve naturalmente efeitos positivos, que tendiam a favorecer essa ilusão, e que puderam impressionar mesmo observadores isentos. Entretanto afirmações como a do inglês Armitage, de que, apesar dos muitos erros do primeiro imperador e de seus ministros, o Brasil fez mais progressos nos dez anos de sua administração do que nos trezentos do regime colonial, afirmações que todavia devem ser acolhidas aliás, *cum grano salis*, apresentam apenas uma parte da verdade. A modernização, se foi considerável, limitou-se de fato aos centros urbanos mais importantes. Na esfera das relações rurais a situação era idêntica, em suma, à da era colonial e do absolutismo.

A presteza com que na antiga colônia chegara a difundir-se a pregação das "ideias novas" e o fervor com que em muitos círculos elas foram abraçadas às vésperas da Independência mostram, de modo inequívoco, a possibilidade que tinham de atender a um desejo insofrido de mudar, à generalizada certeza de que o povo, afinal, se achava amadurecido para a mudança. Mas também é claro que a ordem social expressa por elas estava longe de encontrar aqui o seu equivalente exato, mormente fora dos meios citadinos. Outra era a articulação da sociedade, outros os critérios básicos de exploração econômica e da repartição de privilégios, de sorte que não podiam, essas ideias, ter o sentido que lhes era dado em partes da Europa ou da antiga América inglesa e que atendessem sempre a iguais exigências.

O resultado é que as fórmulas e palavras são as mesmas, embora fossem diversos o conteúdo e o significado que aqui passavam a assumir. É particularmente importante para o historiador essa consideração se quiser fugir aos descaminhos a que pode conduzir facilmente uma similitude mais aparente do que real, quando for tentado a servir-se de expressões tais como "camponês", por exemplo, ou até "burguesia" e "classe média", que, no entanto, costumam confundir-se com frequência no leito de Procusto a que pode submetê-las a imprecisão vocabular. Sem falar, para recorrer a um dos casos mais flagrantes de impropriedade, na palavra "feudalismo", só aplicável quando muito com um sentido metafórico e polêmico a condições especificamente brasileiras. E não é preciso redizer que designações tais como "democracia" e "democracia coroada", empregadas com notável insistência pelos apologistas da monarquia brasileira, são totalmente inadequadas com a significação que, nesse caso, lhes é atribuída.

Poesia e crítica*

Nada mais fácil e nem mais tentador que apresentar a crítica e a poesia como duas manifestações literárias radicalmente antagônicas. É um prazer para o espírito poder descansar nessas delimitações rígidas, sugestivas e lapidares que consentem o abandono de toda inquirição mais profunda. Não admira que se tenha procurado definir aquelas manifestações pela intensidade com que parecem excluir-se mutuamente, e não estão longe de nós as tentativas de certa escola que procurou explorar ao extremo esse suposto antagonismo.

O verdadeiro, o autêntico poeta para os surrealistas era aquele que sabia alcandorar-se nos sublimes balbucios do subconsciente, a ponto de poder dispensar a colaboração da inteligência discriminadora e discursiva. O subconsciente gera a poesia como o oceano gera as ondas, naturalmente e sem esforço. Por que admitir a intrusão da crítica, isto é, da razão, do discurso, na elaboração poética? O raciocínio é perfeitamente consequente. Baseia-se em ideias acumuladas e assentadas através de muitos anos de estudo laborioso e atento. Apoia-se em uma prestigiosa gíria científica, fruto maduro de gra-

---

* Em *O espírito e a letra*, São Paulo, Companhia das Letras, 1996. Publicado originalmente no jornal *Diário de Notícias* (RJ) em 15 de setembro de 1940.

ves indagações intelectuais. E em essência nada tem de alarmantemente revolucionário. O romantismo em suas expressões mais típicas não pretendera outra coisa. O cartaz da espontaneidade criadora, da sagrada inspiração, do transe divino, foi de todos os misticismos, de todos os alexandrinismos.

Apenas o que pretendiam os surrealistas era realizar a poesia em sua essência misteriosa e única, a poesia definida por oposição a toda atividade da inteligência, a poesia por oposição à crítica. E procuraram tão exasperadamente o segredo dela, que acabaram por descobrir-lhe a chave: qualquer indivíduo medianamente dotado é capaz de uma obra de gênio, desde que saiba colocar-se em estado de poder captar as inefáveis mensagens do subconsciente. O mundo exterior cessa de existir, mas abrem-se à exploração novos mundos fantásticos e ainda mal suspeitados. O poeta não vê com os olhos, mas apesar dos olhos.

Em realidade a oposição entre poesia e crítica é apenas metafórica, procede de uma simplificação dialética e não pode ser aceita ao pé da letra. Se fôssemos aceitá-la ao pé da letra, teríamos de conceber o crítico ideal como um monstro de abstrações armado de fórmulas defuntas e ressequidas, sempre pronto para aplicá-las à vida numerosa e multiforme. E se quiséssemos imagens em que exprimisse mais concretamente essa oposição, diríamos que a crítica está para a poesia na relação em que está um cemitério para um hospício de alienados. O antagonismo rancoroso que se procurou forjar entre as duas espécies literárias corresponde bem ao intelectualismo excessivo de nosso século, em que as ideias suplantaram violentamente os fatos, em que os conceitos formados da realidade substituíram-se à realidade. Os quadros fixos, imutáveis e irredutíveis são um apanágio do mundo das ideias. Fora dele, na vida real, nada existe de isolado e de singular, nada tem por si só significação plena.

A verdade é que o primeiro passo da crítica está na própria elaboração poética e os seguintes estão nos reflexos que o produto de semelhante elaboração vai encontrar no público. Nessa reação do público há uma parte apreciável de recriação. Cada indivíduo, cada época recria as obras de arte segundo sistemas de gosto que lhe são próprios e familiares. É graças a essa milagrosa recriação — quer dizer, criação contínua e sempre renovada — que Homero ou Cervantes podem ser e são nossos contemporâneos, compondo uma ordem simultânea com todos os outros autores do passado e do presente, embora signifiquem para nós qualquer coisa de bem diverso daquilo que significaram para os homens de seu século. A grande função da crítica, sua legitimação até certo ponto, está na parcela decisiva com que pode colaborar para esse esforço de recriação. Ela dilata no tempo e no espaço um pouco do próprio processo de elaboração poética. E nesse sentido não é exagero dizer-se que a crítica pode ser verdadeiramente criadora.

O culto exclusivista à espontaneidade, à facilidade foi uma superstição romântica, a mesma que Matthew Arnold denunciou com tanta justeza nos poetas ingleses da primeira metade de seu século. Por força de tal superstição é que, a despeito da energia criadora desses poetas, eles deixavam no crítico uma impressão irresistível de insuficiência e prematuridade. Semelhante impressão pode ocorrer-nos a cada passo diante de certas produções da moderna poesia brasileira. Enquanto nossa prosa de ficção vem adquirindo uma pujança cada vez mais considerável, quase poderíamos dizer desproporcionada, se posta em confronto com outros gêneros literários, a poesia tende ao contrário a estiolar-se como se não descobrisse razões para a própria existência. Isso se explica em grande parte pela circunstância de ser a literatura de ficção naturalmente mais insensível à ilusória sedução de pureza e autenticidade que hoje persegue a poesia.

Graças ao movimento "modernista", reação oportuna contra os formalismos academizantes que nos anos de 20 metrificavam pomposamente contra a "mentalidade própria para o soneto", que tão bem descreveu o sr. Pedro Dantas, abriram-se perspectivas inesperadamente vastas no remanso de nossa literatura. Mas surgiu o que costuma surgir facilmente no Brasil em casos semelhantes. O lirismo, que na tradição portuguesa e brasileira jamais pediu disciplina e nem rigor, mas quando muito aparato formal, polimento e alguma compostura, ganhou bem pouco com a mudança. E a ação do modernismo, sob esse aspecto, teria sido mais de lamentar do que de aprovar, não fosse a meia dúzia de exceções que lhe asseguram o prestígio. É claro que não se pode julgar da ação do modernismo encarando-o apenas em sua posição negativista, que foi às vezes injusta, mas sempre necessária, ou fazendo abstração de tudo quanto trouxe, afinal, de positivo. No momento em que ele renunciou às preocupações puramente estéticas foi para dedicar-se a temas deliberadamente nacionais. E isso sem programas, nem exclusivismos, pelo novo caminho. "Noturno de Belo Horizonte", "Invocação do Recife", "Raça e Brasil" são os marcos inaugurais dessa orientação. Todos são obras de poesia. O próprio *Macunaíma*, se quiserem enquadrá-lo em algum gênero, foi mais do que outra coisa obra de poesia. É indiscutível verificar que com essa obra se inaugurou em literatura aquilo a que poderíamos chamar um exame de consciência do Brasil. Hoje esse exame é praticado por sociólogos e romancistas.

O fato de ter contribuído grandemente para que tal coisa se tornasse possível ou, ao menos, para que desaparecessem barreiras de gosto, de prevenção e de falsa tradição — tradição interrompida, aliás, durante algum tempo pelo admirável movimento formado em torno de Monteiro Lobato e da primeira *Revista do Brasil* — é sem dúvida um dos bons resultados do chamado modernismo.

E se é bem certo que existe hoje uma crise de poesia, não deveríamos atribuí-la antes à existência de algum mal congênito em nossa literatura, que até aqui tem evoluído menos por progressão contínua do que por meio de revoluções periódicas? Isso faz com que a cada impulso renovador se siga invariavelmente uma longa fase de rotina e relaxamento. Não estou longe de crer que presentemente a revolução necessária seria uma contrarrevolução. Em outras palavras, um movimento tendente a restabelecer, nos devidos limites, a "mentalidade própria para o soneto".

O caso do surrealismo, de que há pouco me vali, serve para ilustrar um dos traços peculiares a essa crise da poesia. Não há dúvida de que como escola ele já pertence ao passado e deu tudo quanto tinha a dar. Mas o terreno em que brotou e frutificou é o mesmo em que pisamos. Nós, homens de 1940, continuamos a viver em pleno romantismo, e uma das terapêuticas do romantismo é analisá-lo. Por isso convém que em todo verdadeiro poeta haja também um crítico vigilante e enérgico. Existe talvez um vício de sistematização, vício pedagógico, na tendência para separar como dois momentos distintos da realização literária a parte da crítica e a parte da criação. É excelente, por esse motivo, que a poetas de preferência se confie a crítica profissional. Os grandes exemplos de um Coleridge e de um Baudelaire servem para mostrar a que ponto isso é exato. E para que ir tão longe sem evocar o nome ilustre de quem me precedeu nestas páginas? Em Mário de Andrade o crítico esteve sempre à altura do poeta. Figura das mais complexas e importantes em nossa literatura, na prosa como no verso, nos trabalhos de ficção como nos de pura erudição, ele tem a rara capacidade de interessar-se suficientemente nos problemas mais vários e de poder abordá-los com conhecimento de causa. Convidado para substituí-lo, aceito ainda hesitante a proposta na expectativa, não sei se fundada, de que esta substituição seja apenas temporária e breve.

O homem cordial*

- *Antígona e Creonte*
- *Pedagogia moderna e as virtudes antifamiliares*
- *Patrimonialismo*
- *O "homem cordial"*
- *Aversão aos ritualismos: como se manifesta ela na vida social, na linguagem, nos negócios*
- *A religião e a exaltação dos valores cordiais*

* Em *Raízes do Brasil* (ed. original 1936). São Paulo, Companhia das Letras, 1995.

O Estado não é uma ampliação do círculo familiar e, ainda menos, uma integração de certos agrupamentos, de certas vontades particularistas, de que a família é o melhor exemplo. Não existe, entre o círculo familiar e o Estado, uma gradação, mas antes uma descontinuidade e até uma oposição. A indistinção fundamental entre as duas formas é prejuízo romântico que teve os seus adeptos mais entusiastas durante o século XIX. De acordo com esses doutrinadores, o Estado e as suas instituições desceriam em linha reta, e por simples evolução, da família. A verdade, bem outra, é que pertencem a ordens diferentes em essência. Só pela transgressão da ordem doméstica e familiar é que nasce o Estado e que o simples indivíduo se faz cidadão, contribuinte, eleitor, elegível, recrutável e responsável, ante as leis da Cidade. Há nesse fato um triunfo do geral sobre o particular, do intelectual sobre o material, do abstrato sobre o corpóreo, e não uma depuração sucessiva, uma espiritualização de formas mais naturais e rudimentares, uma procissão das hipóstases, para falar como na filosofia alexandrina. A ordem familiar, em sua forma pura, é abolida por uma transcendência.

Ninguém exprimiu com mais intensidade a oposição e mesmo a incompatibilidade fundamental entre os dois princípios do que Sófocles. Creonte encarna a noção abstrata, impessoal da Cidade em luta contra essa realidade concreta e tangível que é a família. Antígona, sepultando Polinice contra as ordenações do Estado, atrai sobre si a cólera do irmão, que não age em nome de sua vontade pessoal, mas da suposta vontade geral dos cidadãos, da pátria:

E todo aquele que acima da Pátria
Coloca seu amigo, eu o terei por nulo.

O conflito entre Antígona e Creonte é de todas as épocas e preserva-se sua veemência ainda em nossos dias. Em todas as culturas, o processo pelo qual a lei geral suplanta a lei particular faz-se acompanhar de crises mais ou menos graves e prolongadas, que podem afetar profundamente a estrutura da sociedade. O estudo dessas crises constitui um dos temas fundamentais da história social. Quem compare, por exemplo, o regime do trabalho das velhas corporações e grêmios de artesãos com a "escravidão dos salários" nas usinas modernas tem um elemento precioso para o julgamento da inquietação social de nossos dias. Nas velhas corporações o mestre e seus aprendizes e jornaleiros formavam como uma só família, cujos membros se sujeitam a uma hierarquia natural, mas que partilham das mesmas privações e confortos. Foi o moderno sistema industrial que, separando os empregadores e empregados nos processos de manufatura e diferenciando cada vez mais suas funções, suprimiu a atmosfera de intimidade que reinava entre uns e outros e estimulou os antagonismos de classe. O novo regime tornava mais fácil, além disso, ao capitalista explorar o trabalho de seus empregados, a troco de salários ínfimos.

Para o empregador moderno — assinala um sociólogo norte-americano — o empregado transforma-se em um simples número: a relação humana desapareceu. A produção em larga escala, a organização de grandes massas de trabalho e complicados mecanismos para colossais rendimentos, acentuou, aparentemente, e exacerbou a separação das classes produtoras, tornando inevitável um sentimento de irresponsabilidade, da parte dos que dirigem, pelas vidas dos trabalhadores manuais. Compare-se o sistema de produção, tal como existia quando o mestre e seu aprendiz ou empregado trabalhavam na mesma sala e utilizavam os mesmos instrumentos, com o que ocorre na organização habitual da corporação moderna. No primeiro, as relações de empregador e empregado eram pessoais e diretas, não havia autoridades intermediárias. Na última, entre o trabalhador manual e o derradeiro proprietário — o acionista — existe toda uma hierarquia de funcionários e autoridades representados pelo superintendente da usina, o diretor-geral, o presidente da corporação, a junta executiva do conselho de diretoria e o próprio conselho de diretoria. Como é fácil que a responsabilidade por acidentes do trabalho, salários inadequados ou condições anti-higiênicas se perca de um extremo ao outro dessa série.[1]

A crise que acompanhou a transição do trabalho industrial aqui assinalada pode dar uma ideia pálida das dificuldades que se opõem à abolição da velha ordem familiar por outra, em que as instituições e as relações sociais, fundadas em princípios abstratos, tendem a substituir-se aos laços de afeto e de sangue. Ainda hoje persistem, aqui e ali, mesmo nas grandes cidades, algumas dessas famílias "retardatárias", concentradas em si mesmas e obedientes ao velho ideal que mandava educarem-se os filhos apenas para o círculo doméstico. Mas essas mesmas tendem a desaparecer ante as exigências imperativas das novas condições de vida. Segundo alguns pedagogos e psicólogos de nossos dias, a educação familiar deve ser apenas uma espécie de propedêutica da vida na sociedade, fora da família. E se bem considerarmos as teorias modernas, veremos que elas tendem, cada vez mais, a separar o indivíduo da comunidade doméstica, a libertá-lo, por assim dizer, das "virtudes" familiares. Dir-se-á que essa separação e essa libertação representam as condições primárias e obrigatórias de qualquer adaptação à "vida prática".

Nisso, a pedagogia científica da atualidade segue rumos precisamente opostos aos que preconizavam os antigos métodos de educação. Um dos seus adeptos chega a observar, por exemplo, que a obediência, um dos princípios básicos da velha educação, só deve ser estimulada na medida em que possa permitir uma adoção razoável de opiniões e regras que a própria criança reconheça como formuladas por adultos que tenham experiência nos terrenos sociais em que ela ingressa. "Em particular", acrescenta, "a criança deve ser preparada para desobedecer nos pontos em que sejam falíveis as previsões dos pais." Deve adquirir progressivamente a individualidade, "único fundamento justo das relações familiares". "Os casos frequentes em que os jovens são dominados pelas mães e pais na escolha das roupas, dos brinquedos, dos interesses e atividades gerais, a ponto de se tornarem incompetentes, tanto social, como individualmente, quando não psicopatas, são demasiado frequentes para serem ignorados." E aconselha: "Não só os pais de ideias estreitas, mas especialmente os que são extremamente atilados e inteligentes, devem precaver-se contra essa atitude falsa, pois esses pais realmente inteligentes são, de ordinário, os que mais se inclinam a exercer domínio sobre a criança. As *boas* mães causam, provavelmente, maiores estragos do que as más, na acepção mais generalizada e popular destes vocábulos".[2]

Com efeito, onde quer que prospere e assente em bases muito sólidas a ideia de família — e principalmente onde predomina a família de tipo patriarcal — tende a ser precária e a lutar contra fortes restrições à formação e evolução da sociedade segundo conceitos atuais. A crise de adaptação dos indivíduos ao mecanismo social é, assim, especialmente sensível no nosso tempo devido ao decisivo triunfo de certas virtudes *antifamiliares* por excelência, como o são, sem dúvida, aquelas que repousam no espírito de iniciativa pessoal e na concorrência entre os cidadãos.

Entre nós, mesmo durante o Império, já se tinham tornado manifestas as limitações que os vínculos familiares demasiado estreitos, e não raro opressivos, podem impor à vida ulterior dos indivíduos. Não faltavam, sem dúvida, meios de se corrigirem os inconvenientes que muitas vezes acarretam certos padrões de conduta impostos desde cedo pelo círculo doméstico. E não haveria grande exagero em dizer-se que, se os estabelecimentos de ensino superior, sobretudo os cursos jurídicos, fundados desde 1827 em São Paulo e Olinda, contribuíram largamente para a formação de homens públicos capazes, devemo-lo às possibilidades que, com isso, adquiriam numerosos adolescentes arrancados aos seus meios provinciais e rurais de "viver por si", libertando-se progressivamente dos velhos laços caseiros, quase tanto como aos conhecimentos que ministravam as faculdades.

A personalidade social do estudante, moldada em tradições acentuadamente particularistas, tradições que, como se sabe, costumam ser decisivas e imperativas durante os primeiros quatro ou cinco anos de vida da criança,[3] era forçada a ajustar-se, nesses casos, a novas situações e a novas relações sociais que importavam na necessidade de uma revisão, por vezes radical, dos interesses, atividades, valores, sentimentos, atitudes e crenças adquiridos no convívio da família.

Transplantados para longe dos pais, muito jovens, os "filhos aterrados" de que falava Capistrano de Abreu, só por essa forma conseguiam alcançar um senso de responsabilidade que lhes fora até então vedado. Nem sempre, é certo, as novas experiências bastavam para apagar neles o vinco doméstico, a mentalidade criada ao contato de um meio patriarcal, tão oposto às exigências de uma sociedade de homens livres e de inclinação cada vez mais igualitária. Por isso mesmo Joaquim Nabuco pôde dizer que, "em nossa política e em nossa sociedade [...], são os órfãos, os abandonados, que vencem a luta, sobem e governam".[4]

Tem-se visto como a crítica dirigida contra a tendência recente de alguns Estados para a criação de vastos aparelhamentos de seguro e previdência social funda-se unicamente no fato de deixarem margem extremamente diminuta à ação individual e também no definhamento a que tais institutos condenam toda sorte de competições. Essa argumentação é própria de uma época em que, pela primeira vez na história, se erigiu a concorrência entre os cidadãos, com todas as suas consequências, em valor social positivo.

Aos que, com razão de seu ponto de vista, condenam por motivos parecidos os âmbitos familiares excessivamente estreitos e exigentes, isto é, aos que os condenam por circunscreverem demasiado os horizontes da criança dentro da paisagem doméstica, pode ser respondido que, em rigor, só hoje tais ambientes chegam a constituir, muitas vezes, verdadeiras escolas de inadaptados e até de psicopatas. Em outras épocas, tudo contribuía para a maior harmonia e maior coincidência entre as virtudes que se formam e se exigem no recesso do lar e as que asseguram a prosperidade social e a ordem entre os cidadãos. Não está muito distante o tempo em que o dr. Johnson fazia ante o seu biógrafo a apologia crua dos castigos corporais para os educandos e recomendava a vara para "o terror geral de todos". Parecia-lhe preferível esse recurso a que se dissesse, por exemplo, ao aluno: "Se fizeres isto ou aquilo, serás mais estimado do que teu irmão ou tua irmã". Porque, segundo dizia a Boswell, a vara tem um efeito que termina em si, ao passo que se forem incentivadas as emulações e as comparações de superioridade, lançar-se-ão, com isso, as bases de um mal permanente, fazendo com que irmãos e irmãs se detestem uns aos outros.

No Brasil, onde imperou, desde tempos remotos, o tipo primitivo da família patriarcal, o desenvolvimento da urbanização — que não resulta unicamente do crescimento das cidades, mas também do crescimento dos meios de comunicação, atraindo vastas áreas rurais para a esfera de influência das cidades — ia acarretar um desequilíbrio social, cujos efeitos permanecem vivos ainda hoje.

Não era fácil aos detentores das posições públicas de responsabilidade, formados por tal ambiente, compreenderem a distinção fundamental entre os domínios do privado e do público. Assim, eles se caracterizam justamente pelo que separa o funcionário "patrimonial" do puro burocrata conforme a definição de Max Weber. Para o funcionário "patrimonial", a própria gestão política apresenta-se como assunto de seu interesse particular; as funções, os empregos e os benefícios que deles aufere relacionam-se a direitos pessoais do funcionário e não a interesses objetivos, como sucede no verdadeiro Estado burocrático, em que prevalecem a especialização das funções e o esforço para se assegurarem garantias jurídicas aos cidadãos.[5] A escolha dos homens que irão exercer funções públicas faz-se de acordo com a confiança pessoal que mereçam os candidatos, e muito menos de acordo com as suas capacidades próprias. Falta a tudo a ordenação impessoal que caracteriza a vida no Estado burocrático. O funcionalismo patrimonial pode, com a progressiva divisão das funções e com a racionalização, adquirir traços burocráticos. Mas em sua essência ele é tanto mais diferente do burocrático quanto mais caracterizados estejam os dois tipos.

No Brasil, pode dizer-se que só excepcionalmente tivemos um sistema administrativo e um corpo de funcionários puramente dedicados a interesses objetivos e fundados nesses interesses. Ao contrário, é possível acompanhar, ao longo de nossa história, o predomínio constante das vontades particulares que encontram seu ambiente próprio em círculos fechados e pouco acessíveis a uma ordenação impessoal. Dentre esses círculos, foi sem dúvida o da família aquele que se exprimiu com mais força e desenvoltura em nossa sociedade. E um dos efeitos decisivos da supremacia incontestável, absorvente, do núcleo familiar — a esfera, por excelência, dos chamados "contatos primários", dos laços de sangue e de coração — está em que as relações que se criam na vida doméstica sempre forneceram o modelo obrigatório de qualquer composição social entre nós. Isso ocorre mesmo onde as instituições democráticas, fundadas em princípios neutros e abstratos, pretendem assentar a sociedade em normas antiparticularistas.

Já se disse, numa expressão feliz, que a contribuição brasileira para a civilização será de cordialidade — daremos ao mundo o "homem cordial".[6] A lhaneza no trato, a hospitalidade, a generosidade, virtudes tão gabadas por estrangeiros que nos visitam, representam, com efeito, um traço definido do caráter brasileiro, na medida, ao menos, em que permanece ativa e fecunda a influência ancestral dos padrões de convívio humano, informados no meio rural e patriarcal. Seria engano supor que essas virtudes possam significar "boas maneiras", civilidade. São antes de tudo expressões legítimas de um fundo emotivo extremamente rico e transbordante. Na civilidade há qualquer coisa de coercitivo — ela pode exprimir-se em mandamentos e em sentenças. Entre os japoneses, onde, como se sabe, a polidez envolve os aspectos mais ordinários do convívio social, chega a ponto de confundir-se, por vezes, com a reverência religiosa. Já houve quem notasse este fato significativo, de que as formas exteriores de veneração à divindade, no cerimonial xintoísta, não diferem essencialmente das maneiras sociais de demonstrar respeito.

Nenhum povo está mais distante dessa noção ritualista da vida do que o brasileiro. Nossa forma ordinária de convívio social é, no fundo, justamente o contrário da polidez. Ela pode iludir na aparência — e isso se explica pelo fato de a atitude polida consistir precisamente em uma espécie de mímica deliberada de manifestações que são espontâneas no "homem cordial": é a forma natural e viva que se converteu em fórmula. Além disso a polidez é, de algum modo, organização de defesa ante a sociedade. Detém-se na parte exterior, epidérmica do indivíduo, podendo mesmo servir, quando necessário, de peça de resistência. Equivale a um disfarce que permitirá a cada qual preservar intatas sua sensibilidade e suas emoções.

Por meio de semelhante padronização das formas exteriores da cordialidade, que não precisam ser legítimas para se manifestarem, revela-se um decisivo triunfo do espírito sobre a vida. Armado dessa máscara, o indivíduo consegue manter sua supremacia ante o social. E, efetivamente, a polidez implica uma presença contínua e soberana do indivíduo.

No "homem cordial", a vida em sociedade é, de certo modo, uma verdadeira libertação do pavor que ele sente em viver consigo mesmo, em apoiar-se sobre si próprio em todas as circunstâncias da existência. Sua maneira de expansão para com os outros reduz o indivíduo, cada vez mais, à parcela social, periférica, que no brasileiro — como bom americano — tende a ser a que mais importa. Ela é antes um viver nos outros. Foi a esse tipo humano que se dirigiu Nietzsche, quando disse: "Vosso mau amor de vós mesmos vos faz do isolamento um cativeiro".[7]

Nada mais significativo dessa aversão ao ritualismo social, que exige, por vezes, uma personalidade fortemente homogênea e equilibrada em todas as suas partes, do que a dificuldade em que se sentem, geralmente, os brasileiros, de uma reverência prolongada ante um superior. Nosso temperamento admite fórmulas de reverência, e até de bom grado, mas quase somente enquanto não suprimam de todo a possibilidade de convívio mais familiar. A manifestação normal do respeito em outros povos tem aqui sua réplica, em regra geral, no desejo de estabelecer intimidade. E isso é tanto mais específico quanto se sabe do apego frequente dos portugueses, tão próximos de nós em tantos aspectos, aos títulos e sinais de reverência.

No domínio da linguística, para citar um exemplo, esse modo de ser parece refletir-se em nosso pendor acentuado para o emprego dos diminutivos. A terminação "inho", aposta às palavras, serve para nos familiarizar mais com as pessoas ou os objetos e, ao mesmo tempo, para lhes dar relevo. É a maneira de fazê-los mais acessíveis aos sentidos e também de aproximá-los do coração. Sabemos como é frequente, entre portugueses, o zombarem de certos abusos desse nosso apego aos diminutivos, abusos tão ridículos para eles quanto o é para nós, muitas vezes, a pieguice lusitana, lacrimosa e amarga.[8] Um estudo atento das nossas formas sintáxicas traria, sem dúvida, revelações preciosas a esse respeito.

À mesma ordem de manifestações pertence certamente a tendência para a omissão do nome de família no tratamento social. Em regra é o nome individual, de batismo, que prevalece. Essa tendência, que entre portugueses resulta de uma tradição com velhas raízes — como se sabe, os nomes de família só entram a predominar na Europa cristã e medieval a partir do século XII —, acentuou-se estranhamente entre nós. Seria talvez plausível relacionar tal fato à sugestão de que o uso do simples prenome importa em abolir psicologicamente as barreiras determinadas pelo fato de existirem famílias diferentes e independentes umas das outras. Corresponde à atitude natural aos grupos humanos que, aceitando de bom grado uma disciplina da simpatia, da "concórdia", repelem as do raciocínio abstrato ou que não tenham como fundamento, para empregar a terminologia de Tönnies, as comunidades de sangue, de lugar ou de espírito.[9]

O desconhecimento de qualquer forma de convívio que não seja ditada por uma ética de fundo emotivo representa um aspecto da vida brasileira que raros estrangeiros chegam a penetrar com facilidade. E é tão característica, entre nós, essa maneira de ser, que não desaparece sequer nos tipos de atividade que devem alimentar-se normalmente da concorrência. Um negociante de Filadélfia manifestou certa vez a André Siegfried seu espanto ao verificar que, no Brasil como na Argentina, para conquistar um freguês tinha necessidade de fazer dele um amigo.[10]

Nosso velho catolicismo, tão característico, que permite tratar os santos com uma intimidade quase desrespeitosa e que deve parecer estranho às almas verdadeiramente religiosas, provém ainda dos mesmos motivos. A popularidade, entre nós, de uma santa Teresa de Lisieux — santa Teresinha — resulta muito do caráter intimista que pode adquirir seu culto, culto amável e quase fraterno, que se acomoda mal às cerimônias e suprime as distâncias. É o que também ocorreu com o nosso Menino Jesus, companheiro de brinquedo das crianças e que faz pensar menos no Jesus dos evangelhos canônicos do que no de certos apócrifos, principalmente as diversas redações do Evangelho da Infância. Os que assistiram às festas do Senhor Bom Jesus de Pirapora, em São Paulo, conhecem a história do Cristo que desce do altar para sambar com o povo.

Essa forma de culto, que tem antecedentes na península Ibérica, também aparece na Europa medieval e justamente com a decadência da religião palaciana, superindividual, em que a vontade comum se manifesta na edificação dos grandiosos monumentos góticos. Transposto esse período — afirma um historiador — surge um sentimento religioso mais humano e singelo. Cada casa quer ter sua capela própria, onde os moradores se ajoelham ante o padroeiro e protetor. Cristo, Nossa Senhora e os santos já não aparecem como entes privilegiados e eximidos de qualquer sentimento humano. Todos, fidalgos e plebeus, querem estar em intimidade com as sagradas criaturas e o próprio Deus é um amigo familiar, doméstico e próximo — o oposto do Deus "palaciano", a quem o cavaleiro, de joelhos, vai prestar sua homenagem, como a um senhor feudal.[11]

O que representa semelhante atitude é uma transposição característica para o domínio do religioso desse horror às distâncias que parece constituir, ao menos até agora, o traço mais específico do espírito brasileiro. Note-se que ainda aqui nós nos comportamos de modo perfeitamente contrário à atitude já assinalada entre japoneses, onde o ritualismo invade o terreno da conduta social para dar-lhe mais rigor. No Brasil é precisamente o rigorismo do rito que se afrouxa e se humaniza.

Essa aversão ao ritualismo conjuga-se mal — como é fácil imaginar — com um sentimento religioso verdadeiramente profundo e consciente. Newman, em um dos seus sermões anglicanos, exprimia a "firme convicção" de que a nação inglesa lucraria se sua religião fosse mais supersticiosa, *more bigoted*, se estivesse mais acessível à influência popular, se falasse mais diretamente às imaginações e aos corações. No Brasil, ao contrário, foi justamente o nosso culto sem obrigações e sem rigor, intimista e familiar, a que se poderia chamar, com alguma impropriedade, "democrático", um culto que dispensava no fiel todo esforço, toda diligência, toda tirania sobre si mesmo, o que corrompeu, pela base, o nosso sentimento religioso. É significativo que, ao tempo da famosa questão eclesiástica, no Império, uma luta furiosa, que durante largo tempo abalou o país, se tenha travado principalmente porque d. Vital de Oliveira se obstinava em não abandonar seu "excesso de zelo". E o mais singular é que, entre os acusadores do bispo de Olinda, por uma intransigência que lhes parecia imperdoável e criminosa, figurassem não poucos católicos, ou que se imaginavam sinceramente católicos.

A uma religiosidade de superfície, menos atenta ao sentido íntimo das cerimônias do que ao colorido e à pompa exterior, quase carnal em seu apego ao concreto e em sua rancorosa incompreensão de toda verdadeira espiritualidade; transigente, por isso mesmo que pronta a acordos, ninguém pediria, certamente, que se elevasse a produzir qualquer moral social poderosa. Religiosidade que se perdia e se confundia num mundo sem forma e que, por isso mesmo, não tinha forças para lhe impor sua ordem. Assim, nenhuma elaboração política seria possível senão fora dela, fora de um culto que só apelava para os sentimentos e os sentidos e quase nunca para a razão e a vontade. Não admira, pois, que nossa República tenha sido feita pelos positivistas, ou agnósticos, e nossa Independência fosse obra de maçons. A estes se entregou com tanta publicidade nosso primeiro imperador, que o fato chegaria a alarmar o próprio príncipe de Metternich, pelos perigosos exemplos que encerrava sua atitude.

A pouca devoção dos brasileiros e até das brasileiras é coisa que se impõe aos olhos de todos os viajantes estrangeiros, desde os tempos do padre Fernão Cardim, que dizia das pernambucanas quinhentistas serem "muito senhoras e não muito devotas, nem frequentarem missas, pregações, confissões etc.".[12] Auguste de Saint--Hilaire, que visitou a cidade de São Paulo pela semana santa de 1822, conta-nos como lhe doía a pouca atenção dos fiéis durante os serviços religiosos. "Ninguém se compenetra do espírito das solenidades", observa. "Os homens mais distintos delas participam apenas por hábito, e o povo comparece como se fosse a um folguedo. No ofício de Endoenças, a maioria dos presentes recebeu a comunhão da mão do bispo. Olhavam à direita e à esquerda, conversavam antes desse momento solene e recomeçavam a conversar logo depois." As ruas, acrescenta pouco adiante, "viviam apinhadas de gente, que corria de igreja a igreja, mas somente para vê-las, sem o menor sinal de fervor".[13]

Em verdade, muito pouco se poderia esperar de uma devoção que, como essa, quer ser continuamente sazonada por condimentos fortes e que, para ferir as almas, há de ferir primeiramente os olhos e os ouvidos. "Em meio do ruído e da mixórdia, da jovialidade e da ostentação que caracterizam todas essas celebrações *gloriosas, pomposas, esplendorosas*", nota o pastor Kidder, "quem deseje encontrar, já não digo estímulo, mas ao menos lugar para um culto mais espiritual, precisará ser singularmente fervoroso."[14] Outro visitante, de meados do século passado, manifesta profundas dúvidas sobre a possibilidade de se implantarem algum dia, no Brasil, formas mais rigoristas de culto. Conta-se que os próprios protestantes logo degeneram aqui, exclama. E acrescenta: "É que o clima não favorece a severidade das seitas nórdicas. O austero metodismo ou o puritanismo jamais florescerão nos trópicos".[15]

A exaltação dos valores cordiais e das formas concretas e sensíveis da religião, que no catolicismo tridentino parecem representar uma exigência do esforço de reconquista espiritual e da propaganda da fé perante a ofensiva da Reforma, encontraram entre nós um terreno de eleição e acomodaram-se bem a outros aspectos típicos de nosso comportamento social. Em particular a nossa aversão ao ritualismo é explicável, até certo ponto, nesta "terra remissa e algo melancólica", de que falavam os primeiros observadores europeus, por isto que, no fundo, o ritualismo não nos é necessário. Normalmente nossa reação ao meio em que vivemos não é uma reação de defesa. A vida íntima do brasileiro nem é bastante coesa, nem bastante disciplinada, para envolver e dominar toda a sua personalidade, integrando-a, como peça consciente, no conjunto social. Ele é livre, pois, para se abandonar a todo o repertório de ideias, gestos e formas que encontre em seu caminho, assimilando-os frequentemente sem maiores dificuldades.

Botica da natureza*

Os recursos alimentares indispensáveis nas jornadas do sertão não eram tudo quanto a fauna indígena podia propiciar ao colono. Os extensos manguezais do Cubatão, que ainda no século XVIII os governadores portugueses procuravam preservar, eram um convite à instalação de curtumes e fábricas de atanados. Não se sabe a que ponto chegaram a desenvolver-se tais manufaturas na São Paulo quinhentista, embora Gabriel Soares, referindo-se às criações de porcos da capitania, afirmasse expressamente que os moradores os esfolavam para fazer botas e couros de cadeiras, chegando a considerá-los melhores e mais proveitosos do que os de vaca.

O emprego do couro como "dinheiro da terra", atestado em numerosos textos da época, ao lado do açúcar, da cera, dos panos de algodão, constitui prova segura da importância e valia do produto. E a menção frequente dos calçados de couro de veado nas velhas atas da Câmara e nos velhos testamentos e inventários de São Paulo parece indicar, ainda mais, que nessa indústria da terra se empregaria muitas vezes matéria-prima indígena. O primeiro rol de posturas do ofício de sapateiro, aprovado pelos edis paulistanos, o de 1583, fixa em 430 réis

---

* Em *Caminhos e fronteiras* (ed. original 1957). São Paulo, Companhia das Letras, 1994.

o preço das botas de veado (engraxadas), pouco mais do que as de porco e de vaca, que estas, bem consertadas e bem engraxadas, não iam a mais de um cruzado.[1] Em épocas posteriores os calçados de couro de veado vêm logo em seguida aos de cordovão.

Não era recente e nem de invenção local e colonial essa aplicação do couro de veado na indústria. No Portugal quinhentista, sobretudo no Alentejo e no Trás-os-Montes, eles constituíram sempre caça numerosa e apreciada, e o aproveitamento de seu couro na sapataria e indústrias anexas está documentado nos versos onde Garcia de Resende mandou dizer a Rui de Figueiredo Oportas de que modo este há de ir vestido à sua pousada do Almeirim:

*Broseguy largo amarelo,
com çapatos de veado* [...].[2]

Não é crível que os constantes embargos opostos no reino às montarias de toda espécie permitissem o fabrico de tais sapatos por longo tempo e em escala apreciável. Parece que durante a segunda metade do século XVI, para atender às necessidades de seu ofício, os curtidores, surradores e correeiros portugueses se abasteciam de ordinário nos currais de gado manso, quando não se servissem de peles importadas. E estas, não sendo de cordovão, eram quase sempre de vaca ou carneira, se destinadas à indústria de calçados.[3] De limitações semelhantes não padeceriam os colonos no Brasil, principalmente os que povoassem um sertão abundante em caça como o da capitania de Martim Afonso.

Além das peles de veado, também as de anta serviram ao paulista antigo para os usos fabris. Sua rijeza, que as tornava praticamente impenetráveis às frechas, indicava-as principalmente para rodelas e outras armas de defesa. Alguns índios tinham aprendido a utilizar tais vantagens fazendo de peles de anta mal beneficiadas — apenas secas ao sol, informam-nos Anchieta e Léry — os escudos com que se protegiam dos contrários. Não se sabe quando, nem como, teriam descoberto os colonizadores o meio de preparar essas peles. Afirma Gabriel Soares que, bem curtidas, elas fazem "mui boas couraças, que as não passa estocada".[4] Haveria aqui mais do que uma simples presunção do cronista? Nas Índias de Castela, pela mesma época, as antas, posto que numerosas, sobretudo em terras quentes, perdiam-se "*por no haber quien sepa adrezar sus cueros*", refere Vargas Machuca.[5] E o Brandônio, dos *Diálogos das grandezas*, repete entre nós a mesma queixa dezenas de anos mais tarde, lamentando a incúria dos moradores do país, que se não serviam dessas peles "por não se disporem a curti-las e consertá-las e, sem nenhum benefício, as deixam perder".[6]

Isso talvez na América espanhola e em nossas capitanias do Nordeste. A verdade é que os homens de São Paulo, mais afeitos, por necessidade, aos usos da terra, já então sabiam aproveitar as virtudes do couro de anta, com que se resguardavam melhor durante as incursões ao sertão longínquo. Empregavam-no sem dúvida na fatura de certos gibões protetores e também, provavelmente, de rodelas e gualteiras ou carapuças. As "coiras de anta" surgem repetidas vezes em inventários seiscentistas. A princípio seriam artigo raro e dispendioso, quase de luxo. De uma, arrematada em leilão no ano de 1609 a 4400 réis, preço equivalente para a época ao de duas éguas ou ao de quatro vacas paridas, com suas crianças, pode presumir-se que pertenceu sucessivamente a três pessoas, pelo menos. Comprada a Roque Barreto por seu irmão Francisco, foi vendida mais tarde a Bartolomeu Bueno, o sevilhano. Será a mesma que anos depois, em 1613, figura no inventário de Domingos Luís, o moço, e é avaliada em 4 mil-réis?[7]

Como quer que seja, as couras de anta iriam tornar-se, com o correr do tempo e com os hábitos aventurosos que distinguiam os paulistas, uma das peças características do arsenal e da indumentária bandeirantes. E é provável que encontrasse igual acolhida em outros lugares do Brasil, onde pudessem desenvolver-se hábitos semelhantes. Escrevendo em 1627, frei Vicente do Salvador já pode observar, em sua *História do Brasil*, que da pele curtida do tapir "se fazem mui boas couras para vestir e defender de setas e estocadas".[8] Cabe notar, também, que, já em meados do século, o custo do material, tanto quanto se pode julgar da simples leitura dos inventários paulistas, sofre declínio sensível.

Além da elaboração industrial, em que se aproveitavam não só as peles, mas algumas vezes também a banha — a do bicho-de-taquara, por exemplo, servia segundo Anchieta para amaciar couros —, nossa fauna ainda se prestava a outros usos importantes. Na medicina popular e de emergência, os produtos tirados do reino animal são, talvez, apenas superados pelos de procedência vegetal. E foi certamente no contato assíduo do sertão e de seus habitantes que o paulista terá apurado as primeiras e vagas noções de uma arte de curar mais em consonância com nosso ambiente e nossa natureza.

No largo aproveitamento da fauna e flora indígenas para a fabricação de mezinhas, foram eles precedidos, aparentemente, pelos jesuítas. Estes, antes de ninguém, souberam escolher, entre os remédios dos índios, o que parecesse melhor, mais conforme à ciência e à superstição do tempo. Mas só a larga e contínua experiência, obtida à custa de um insistente peregrinar por territórios imensos, na exposição constante a moléstias raras, a ataques de feras, a vinditas do gentio inimigo, longe do socorro dos físicos, dos barbeiros sangradores ou das donas curandeiras, é que permitiria ampliar substancialmente e organizar essa farmacopeia rústica. "Remédios de paulistas", é como se chamavam em todo o Brasil colonial as receitas tiradas da flora e também da fauna dos nossos sertões.

Constitui aliás matéria controversa a parte que teria cabido aos indígenas no descobrimento e conhecimento de tais remédios. Pode-se admitir, em todo o caso, que essa contribuição teria sido mais considerável e também mais essencial do que desejava acreditar Martius, sempre disposto a diminuir a influência do gentio ou a acentuar apenas seus aspectos negativos. "Um contato prolongado com os índios", observa o naturalista bávaro em suas *Viagens no Brasil*, "chegou a certificar-nos de que a indolência desses miseráveis se opunha a que indagassem sequer dos elementos curativos que encerra a natureza."[9] Opinião que não deixa de surpreender um pouco em quem, elaborando sua *Matéria médica*, tratou de reunir produtos que, segundo sua própria confissão, teriam sido utilizados na maior parte pela medicina dos indígenas. É que para Martius a observação inteligente dos colonos podia tanto quanto a experiência secular dos antigos donos da terra, descobrindo, numa familiaridade prolongada com a natureza, e não por transmissão de conhecimentos, muita coisa que o gentio talvez não ignorasse.

Os adventícios guiavam-se muitas vezes pelos sentidos, que os faziam associar confusamente reminiscências do Velho Mundo às impressões do Novo. Isso explica bem como às espécies encontradas em nossas florestas puderam ser atribuídos, com frequência, nomes e virtudes próprios de espécies diferentes, estas tipicamente europeias. Em muitos casos orientava-os apenas uma segura e audaciosa observação nascida, na luta com o mundo ambiente, dos perigos cotidianos a que se sujeitavam exploradores e conquistadores. Compreende-se que aos naturais de São Paulo coubesse parcela considerável do esforço que iria desvendar em todas as direções a terra ignorada. Martius não deixa de registar esse fato. "O mérito no descobrimento e na utilização das plantas curativas", diz, "coube em maior grau aos paulistas, tanto quanto o descobrimento das minas de ouro."[10] Poderia acrescentar, sem hesitação, que isso só se tornou possível, em grande parte, dada a circunstância de, em São Paulo, mais do que em outras regiões brasileiras, terem permanecido longamente vivas e fecundas as tradições, os costumes e até a linguagem da raça subjugada.

Nada tão difícil, de resto, como uma análise histórica tendente a discriminar, aqui, entre os elementos importados e os que procedem diretamente do gentio. Traços comuns prepararam, sem dúvida, e anteciparam, a síntese desses diversos elementos. Há motivos para se suspeitar, por exemplo, que os índios, tanto como os portugueses, acreditavam nas virtudes infalíveis de certas concreções, como o bezoar, que se criam nas entranhas dos ruminantes. A flebotomia, corrente na Europa ao tempo da conquista, também não era desconhecida neste continente antes do advento dos brancos. Para as sangrias serviam, em lugar de lancetas, bicos de aves, ferrões de arraias, dentes de quatis ou cutias.

Podem citar-se, também, casos de elementos importados, cujo emprego se generalizou acentuadamente, inclusive entre índios, como ocorreu por exemplo com a aguardente de cana, que servia e ainda serve, misturada a certas ervas e outras mezinhas, para aumentar-lhes o poder curativo.

Práticas indígenas, que tinham todos os requisitos para alarmar ou escandalizar europeus, encontraram, por outro lado, acolhida inesperadamente favorável. Assim sucedeu com o processo que consistia em afoguear-se por meio de brasas o corpo ou parte do corpo afetados por alguma enfermidade. Processo que os pajés, com grande espanto dos jesuítas, tentaram durante as primeiras epidemias de bexigas, no intento de aplacar o mal.

Um depoimento autorizado refere como, em princípio do século XVIII, costumavam os paulistas curar os resfriados mais renitentes. Lançavam sobre a parte constipada "enxofre muito bem moído, acutilando-a depois, muitas vezes, com o gume de uma faca posta em brasa". O certo é que "com esse remédio único", diz a testemunha, "vimos ali acudidas muitas queixas, dignas pelo seu aparato de maiores remédios, como foram pleurisia, ciáticas e outras muitas e várias dores em qualquer parte do corpo".[11]

Não faltam, finalmente, aspectos de nossa medicina rústica e caseira que dificilmente se poderiam filiar, seja a tradições europeias, seja a hábitos indígenas. Aspectos surgidos mais provavelmente das próprias circunstâncias que presidiram ao amálgama desses hábitos e tradições. A soma de elementos tão díspares gerou muitas vezes produtos imprevistos e que em vão procuraríamos na cultura dos invasores ou na dos vários grupos indígenas. Tão extensa e complexa foi a reunião desses elementos, que a rigor não se poderá dizer de nenhum dos aspectos da arte de curar, tal como a praticam ainda hoje os sertanejos, que é puramente indígena — e só nesse sentido se torna explicável a opinião de Martius — ou puramente europeu.

Não é improvável que um critério a que se pode chamar analógico, derivado da tendência para procurar entre os produtos da terra elementos já conhecidos no Velho Mundo, tenha contribuído de certo modo para a criação da medicina sertaneja. E esse critério terá valido na seleção de drogas como também de amuletos e sobretudo medicamentos bezoárticos. Num caderno de apontamentos que pertenceu ao governador Rodrigo César de Meneses e se conserva manuscrito no Instituto Histórico e Geográfico Brasileiro, registam-se alguns desses remédios, em uso entre os antigos paulistas. Não falta na relação um rival da célebre "pedra de porco-espinho", que era geralmente considerada o mais eficaz dos bezoares do Oriente e indicada nos casos de vômitos, fraqueza de estômago, aflições do coração, afetos uterinos das mulheres, "paixões dos rins", retenção de urina e febres malignas. No Brasil essa preciosidade era fornecida pelos porcos-do-mato. "Nos ditos porcos", reza o manuscrito, "se acha no buxo pedra verdoenga do tamanho de hum pequeno limão. Tem hum sabor amargoso e he a celebre pedra do porco espim." Nas orelhas do porco-do-mato também se achavam, segundo o mesmo documento, certas pedras pardacentas e esbranquiçadas, que constituíam antídoto eficacíssimo para a supressão de urinas. Pedras bezoares de grande eficácia existiam também nos veados e antas. Nos sertões da capitania de São Paulo havia "huns Sapos grandes de cornos que chamão Nambicoaras, e os cornos ou orelhas são o melhor unicórnio para se meter na água, que purifica, apesar da peçonha". Extraordinário era o efeito de duas pedras encontradas na cabeça do jacaré quando aplicadas aos febricitantes. Era o bastante colocarem-se tais pedras nas mãos do enfermo para que logo se extinguisse a febre.[12]

Para a mentalidade de muitos dos nossos roceiros de hoje têm aplicação terapêutica ou servem de amuletos, praticamente, todas as partes do corpo dos animais selvagens que não possam servir para a alimentação ou manufatura de couros: os chifres, os dentes, as unhas, os ossos, os cascos, as couraças, as gorduras... Há indícios de que mais de um desses medicamentos já seriam utilizados pelo gentio antes de qualquer contato com os adventícios. Mas são dignos de interesse, por outro lado, os processos de racionalização e assimilação a que o europeu sujeitou muitos de tais elementos, dando-lhes novos significados e novo encadeamento lógico, mais em harmonia com seus sentimentos e seus padrões de conduta tradicionais.

É comum entre grupos indígenas da América do Sul a atribuição de uma espécie de força mágica aos dentes de jacaré, tidos como poderoso talismã, capaz de contrabalançar eficientemente a influência de certas entidades funestas ao homem. Para a crença nessas potências malignas, não custaria aos portugueses encontrar equivalente nas teorias sobre o papel nocivo que pode representar o ar... — ar de estupor, ar de perlesia, ramos de ar, corrupção de ar... — tão generalizada na velha medicina. O ambiente cheio de surpresas e novidades que oferecia o país vinha dar nova ênfase a tais teorias. É o que se exprime já no primeiro tratado escrito por um homem de Portugal sobre a terra do Brasil: "Este vento da terra", dizia, com efeito, Gandavo, "é mui perigoso e doentio; e se acerta de permanecer alguns dias, morre muita gente, assim portugueses como índios".[13] Um depoimento contemporâneo das monções do Tietê menciona o costume que tinham então os sertanistas de São Paulo de matar jacarés para tirar-lhes os dentes que são "contra o ar".[14]

A mesma virtude surge atribuída, outras vezes, às unhas do tamanduá-bandeira, que alguns grupos indígenas utilizam como ornamento corporal, ajuntando-as entre si aos pares, por meio de resina, à maneira de um crescente como o fazem com as do tatu-canastra. Tal a capacidade de persistência dessas crenças que puderam manter-se até aos nossos dias, mesmo nos centros mais adiantados. Em interessante estudo, onde se relatam os resultados de uma investigação efetuada há mais de trinta anos em ervanários da capital paulista, o sr. F. C. Hoehne ainda pôde assinalar a presença de unhas de tamanduá entre os produtos de origem animal expostos à venda em tais estabelecimentos.[15] A facilidade com que esse elemento foi acolhido pelos colonos justifica talvez uma conjetura: não seria possível relacioná-la ao fato de o tamanduá caminhar ordinariamente de mãos torcidas, voltando "contra o ar" as longas garras que, destinadas a abrir formigueiros e cupins, em casos extremos a ferir de morte adversários perigosos, não tocam o solo?

Pode-se comparar a essa sugestão a crença, disseminada entre antigos colonos castelhanos na América do Sul, de que as unhas da preguiça constituem eficaz remédio contra moléstias do coração. O fato de a preguiça trazer o peito frequentemente marcado e algumas vezes até chagado pelas próprias garras é considerado motivo plausível para semelhante crença. A mesma virtude atribuiu-se, aliás, às unhas de outros animais, às da anta, por exemplo, que, segundo Lozano, é vítima desse achaque e *"sentiendo sus efectos, aplica la mano al corazon y recreandolo con su virtud, sana en breve"*.[16] Como é fácil imaginar, preferiam-se para esse fim as unhas da mão esquerda.

No Brasil, a anta aparece, perante a velha medicina e o curandeirismo, com outras contribuições igualmente apreciáveis. Do bucho tiravam-se as pedras de que falava Rodrigo César de Meneses, comparáveis na utilidade às do bezoar; os ossos, queimados e dados a beber, eram aconselhados para estancar as câmaras e disenterias; a banha aplicava-se em fricções nos casos de reumatismo e mormente de reumatismo articular... Casos, aliás, em que tinha fortes competidores, pois a tanto forçava o clima do planalto. E realmente não deixa de merecer atenção a extraordinária frequência com que aparecem, entre mezinhas tipicamente paulistanas, as que se destinam a acalmar dores reumáticas. Quase sempre constam de óleos e azeites, e entre estes os de origem animal, se não têm decidida primazia, são, não obstante, largamente aproveitados. O sr. F. C. Hoehne observou nos ervanários de São Paulo, além da banha de anta, a de capivara, "vendida em pequenos vidros ou garrafas", a de quati, as de cobras — jiboia, sucuri, jararacuçu, cascavel, coral e urutu —, a do gambá, a do tamanduá, a do tatu, todas indicadas especificamente contra o reumatismo.[17]

Essa estranha farmacopeia explica-se, em muitos casos, pelo gosto do maravilhoso, que perseguia os doutores quinhentistas: herança da ciência medieval, a que o descobridor de novas terras viera dar maior relevo. Não é difícil suspeitar que, para curas miraculosas, se impõem terapêuticas raras e exóticas. Algum afortunado navegante viria, talvez, encontrar nos continentes recém--descobertos o famoso segredo da juventude perene, que atraiu ao litoral da Flórida os companheiros de Ponce de León. Muitos povoadores chegariam às nossas paragens animados certamente de tais ambições. Aqui, diante de uma linha, de um movimento da natureza, onde não se reproduzem exatamente as visões habituais, a imaginação adquiria direitos novos. O espetáculo de uma paisagem diferente, em um mundo diferente, onde o próprio regime das estações não obedece ao almanaque, deveria sugerir aos espíritos curiosos um prodigioso laboratório de símplices. Não faltava, é certo, quem se limitasse a discernir nessas formas inéditas as imagens de algum modelo remoto e quase relegado da memória. Assim é que, na mandioca, vinham procurar o honesto pão de trigo; no pinhão da araucária, a castanha europeia; no abati, o milho, milho alvo do reino; na própria carne de tamanduá, a de vaca — "dirias que é carne de vaca, sendo todavia mais mole e macia", adverte Anchieta —; na jabuticaba, a uva ferral ou a ginja... Mas, às vezes, interrompia-se o cortejo das visões familiares. E então era preciso acreditar no milagre, promessa de outros milagres.

Contra as razões da sã filosofia, a sensitiva, por exemplo, a que logo chamaram erva-viva, parece desfazer a distinção genérica e necessária entre o animal e a planta. Esse escândalo só podia ser explicado por alguma preciosa e secreta qualidade. E assim o entendeu Gandavo em seu *Tratado*: "Esta planta deve ter alguma virtude mui grande, a nós encoberta, cujo effeito não será pela ventura de menos admiraçam". Para a ciência do tempo deviam ser indiscutíveis os motivos em que se apoiava semelhante presunção: "Porque sabemos de todas as hervas que Deus criou", continua o cronista, "ter cada huma particular virtude com que fizesse operações naquellas cousas pera cuja utilidade foram creadas, e quanto mais esta a que a natureza nisto tanto quiz assignalar, dando-lhe hum tam estranho ser e differente de todas as outras".[18]

Não admira se o gambá, que, no reino animal, apresentava uma singularidade comparável à da sensitiva entre as plantas, também parecesse dotado de virtudes admiráveis. Virtudes que os povoadores aproveitariam largamente, pois, a darmos crédito ao que diz Simão de Vasconcelos, fornecia remédio pronto para qualquer achaque. A cauda, que não serve para outra coisa, era a parte preferida no preparo de mezinhas. Pisada e misturada com água, na quantidade de uma onça, era excelente em doenças de rins, especialmente nas litíases, pois algumas doses, tomadas em jejum, limpavam os órgãos e lançavam fora qualquer pedra... Além disso curava cólicas, fazia gerar o leite, tirava espinhas se mastigada, acelerava os partos... Essas, e ainda outras espantosas qualidades, além da bondade da carne, que alguns comparavam no sabor à do coelho europeu, compensariam, talvez, os terríveis danos que o gambá costuma causar às aves domésticas.[19]

Não parecerá excessivo relacionar à notável singularidade de nosso marsupial a crença de que encerraria grandes virtudes curativas, se nos lembrarmos de que outro prodígio do reino animal, a anhuma, gozava, e ainda hoje goza, de reputação semelhante. Lendo os escritos de antigos cronistas e viajantes, encontramos alusões frequentes a essa ave e ao espanto que causava no europeu, com seu unicórnio frontal, os esporões das asas, os pés desproporcionadamente grandes e o grito, que, segundo Anchieta, fazia pensar num burro zurrando. De sua abundância no sertão da capitania de Martim Afonso há testemunhos antigos e numerosos. A própria designação primitiva do Tietê já é indício dessa abundância, pois Anhembi quer dizer rio das anhumas, ou das anhimas, como ao começo se chamavam. Se hoje seu número se acha consideravelmente diminuído, devemo-lo, talvez, em parte, à perseguição que desde remotas eras lhe movem os caboclos, empenhados em buscar remédio ou preservativo para toda sorte de males. Do unicórnio, sobretudo, mas também dos esporões e até dos ossos, em particular dos ossos da perna esquerda, faziam-se amuletos e mezinhas contra ramos de ar, estupor, mau-olhado, envenenamentos, mordeduras de animais... Raspados em água e dados a beber, curavam os picados de cobras venenosas. Tal a sua eficácia, que até aos mudos davam o dom da palavra, como aconteceu a um menino, que entrou a falar, segundo refere o padre Fernão Cardim, depois que lhe puseram ao pescoço um desses talismãs.[20] Refere Couto de Magalhães que uma anhuma caçada no porto da Piedade, durante a viagem que realizou ao Araguaia, foi causa de grande desavença entre alguns dos camaradas que o acompanhavam. Cada qual se achava com direito ao melhor pedaço: este reclamava o unicórnio, aquele os esporões, um terceiro, determinado osso. Era costume, em toda a província de Goiás, levarem as crianças um desses amuletos atado ao pescoço, com o que se livrariam de qualquer moléstia ou acidente.[21]

Cabe advertir que, se a atração do fabuloso pode explicar de algum modo a popularidade desfrutada em nossa medicina rústica por animais como o gambá ou a anhuma, seria talvez excessivo presumir que ela fosse simplesmente criada pelos adventícios. É mais razoável acreditar que pudessem existir, já entre os primitivos moradores da terra, os motivos que levaram o colono a encontrar certas propriedades miríficas em determinados animais. Pelo menos com relação à anhuma há notícia expressa, nos escritos de Cardim ou de Lacerda e Almeida, de que gozava entre os índios da mesma extraordinária reputação que veio a adquirir para os portugueses e seus descendentes. Onde podem ter influído causas psicológicas poderosas, foi certamente no processo de difusão e arraigamento, na sociedade formada pelos conquistadores, de crendices dos naturais da terra.

Quase o mesmo pode dizer-se de outro aspecto, nada irrelevante, da arte de curar, tal como a praticavam médicos e curandeiros da era colonial e como a praticam em larga escala nossas populações rurais, como seja a utilização terapêutica dos excretos animais. Seria injusto pretender relacionar esse fato à simples influência indígena. Não há talvez exagero em supor-se que nesse terreno a ação do europeu terá sido, ao contrário, antes ampliadora do que restritiva. Martius, em seu ensaio sobre as doenças e medicinas dos nossos índios, teve ocasião de observar como faziam estes uma distinção entre os excretos que consideravam impuros, e por conseguinte nocivos, e aqueles que lhes pareciam puros e medicinais.[22] Ora, para a própria ciência europeia, na época da conquista da América, mal se pode afirmar que existissem tais discriminações. Remédios como o *album groecum* aparecem nas boticas do Velho Continente desde os tempos mais remotos. E no século XVIII um médico português refere-se ao amplo emprego do esterco de cão, o nosso célebre jasmim-de-cachorro, contra tumores de garganta, esquinências e bexigas, insurgindo-se contra o abuso que dele se fazia não só entre gente do povo como até entre sangradores, cirurgiões e médicos, "porque", observava, "o mesmo he dizer o Pay ou a May, que ao seu filho lhe doe a garganta, estando já com sinaes de bexigas, que já a Alva de Cão vem pelo caminho".[23]

É provável, todavia, que as próprias condições do ambiente colonial proporcionassem alguns elementos em que se poderia aplicar essa medicina escatológica. Mário de Andrade, em seu excelente estudo sobre a medicina dos excretos, sugere engenhosamente que o costume de se refinar o açúcar com esterco de vaca pode muito bem ter influído sobre a imaginação popular, favorecendo a crença na ação mundificante do excremento. "Com o excremento o açúcar se purifica e aperfeiçoa. O açúcar se limpa. O excremento adquire assim um conceito de elemento lustral, purificador. Ora [...] uma das práticas mais generalizadas da medicina excretícia é justamente a terapêutica das moléstias de pele ou atuando sobre a pele." O autor não deixa de observar que à própria utilização do estrume animal para vivificar a terra se relacionaria, de algum modo, o poder reconfortante e revitalizante que os desejos assumem com grande frequência para a medicina do povo.[24] Fora dos núcleos de habitação permanente e dos centros de produção agrária, onde havia mais ocasião para se formarem dessas associações mentais, outros motivos favoreceriam, sem dúvida, o prestígio de semelhante terapêutica.

Não custa crer que durante as longas expedições ao sertão, onde escasseavam muitos remédios compostos, pudesse expandir-se o emprego medicinal dos excretos. Sabe-se, assim, que na expedição do segundo Anhanguera a Goiás, salvou-se de morte certa um dos seus companheiros, frechado por índios caiapós, unicamente com aplicações de urina e fumo, além das inevitáveis sangraduras. "Retirado o dito Francisco de Carvalho", relata uma testemunha, "o achamos com a boca, narizes e feridas cheios de bichos, mas vendo que lhe palpitava ainda o coração e que tinha outros mais sinais de vida, o recolhemos na rancharia, curando-lhe as feridas com urina e fumo, e sangrando-o com a ponta de uma faca, por não termos melhor lanceta; aproveitou tanto a cura que o Carvalho pela noite tornou a si, abriu os olhos, mas não pôde falar senão no dia seguinte: o regimento que teve não passou dum pouco de anu e algumas batatas das que achamos na rancharia."[25] É interessante notar que a urina, sobretudo a urina quente, era largamente usada contra inflamações e tumores; de mistura com fumo, essa genuína panaceia de nossa medicina popular, considerada elemento essencialmente purificador, pareceria meio ideal para fazer sarar toda sorte de ferimentos, qualquer que fosse a sua gravidade.

Um tratadista contemporâneo de Bartolomeu Bueno e que viveu largos anos em São Paulo, o dr. José Rodrigues de Abreu, deixou-nos descrição resumida dos principais usos médicos em que entrava a urina. Queriam alguns, diz, que fosse remédio idôneo "para discutir, resolver e absterger". Na falta de outro medicamento aplicava-se no encalhe mais superficial dos humores; nos tumores frios, produzidos por causas externas; nas inflamatórias incipientes e "fugilações", como também na aspereza da pele, nas chagas sórdidas, nas gretas e rachaduras das mãos e pés e nos gotosos. "Faz pouco ou nada", acrescenta, "para preservar o veneno das víboras; he sórdida e menos capaz de louvar-se a sua bebida na occasiam da peste: na Icterícia, no Scirrho do Baço e na Hidropisia contra a opinião de vários Escritores; nem também a Ourina do marido bebida facilita tanto as parturientes, que não falhe este socorro as mais das vezes."[26] A superstição popular e o curandeirismo conservam ainda hoje alguns desses usos, consagrados outrora até pelos eruditos.

O sistema de vida a que eram forçados os sertanistas sugeria-lhes inúmeros recursos de emergência com que se socorressem em casos de moléstia ou de acidente. Já se viu como, à falta de lancetas para a sangria dos enfermos, usavam de simples facas. Nas sezões e pestes gerais do sertão, seriam esses instrumentos de grande socorro, ao lado das ervas medicinais que crescem no mato. O mesmo fogo que cozinhava ou moqueava a caça e que acendia os morrões de escopeta, servia para cauterizar feridas. E finalmente a mesma pólvora, que abate o inimigo, também podia restabelecer os doentes do maculo ou corrupção, ou mal de bicho, que costumava sobrevir às crises de maleita. Com efeito, para combater essa peste, que, restrita inicialmente às terras da marinha, invadiu no século XVIII as minas e quase todo o sertão, nenhum remédio terá adquirido tamanho e tão intenso prestígio quanto o terrível saca-trapo, em que a pólvora figurava como ingrediente obrigatório ao lado da caninha, da pimenta da terra, do fumo e algumas vezes também do suco de limão azedo.

Embora se narrem verdadeiros milagres da eficiência desse remédio colonial, é de crer que a pólvora entrasse no composto antes de tudo pela força de sugestão que encerra e pela crença de que tornaria a droga muito mais violenta e, por conseguinte, de maior eficácia curativa. Para a imaginação do povo é evidente que quanto mais temível for uma enfermidade, tanto mais dolorido deve ser seu tratamento. E dificilmente se desligará da ideia da pólvora a de uma virulência e energia suscetíveis de se manifestarem onde quer que ela encontre aplicação. A própria palavra saca-trapo faz pensar em armas de fogo.

Outros empregos da pólvora na medicina popular teriam nascido da mesma associação mental que aconselhava seu uso contra a enfermidade do bicho. De mistura com caldo de limão, era, ao que consta, o remédio predileto da célebre Donana Curandeira no tratamento de impingens. Isso na capital paulista e em pleno século XIX.

Na mesma classe de muitas das mezinhas e dos preservativos citados, devem incluir-se as fórmulas mágicas de que ainda faz uso nosso sertanejo, ora nos patuás atados ao pescoço, ora em orações, que pronuncia em momentos de perigo. Na maioria dos casos, essas rezas não se diferenciam essencialmente dos simples amuletos, destinados a evitar indiscriminadamente qualquer moléstia ou malefício. Às vezes têm finalidades aparentemente precisas, como sejam a de impedir a ação funesta do mau-olhado, ou das bruxarias, do ar, das bexigas, e sarampos, dos venenos ou das dores de dentes. Na São Paulo seiscentista, certas preces escritas e dirigidas a este ou àquele santo tornavam-se preciosos talismãs para quem as possuía, pois traziam o privilégio de imunizar contra determinados males. As do padre Belchior de Pontes, por exemplo, passavam por eficazes contra picadas de cobras, desde que escritas com sua própria letra.[27] E assim todos as queriam ter, menos por devoção do que por precaução e amor a esta vida presente.

As fórmulas usuais contra o *ar*, designação vaga e que pode abranger diversas enfermidades ou acidentes, seriam muitas vezes do tipo daquela "bênção do ar", encontrada em apenso a um velho roteiro de bandeirante. É este seu texto: "Em nome de Ds. Padre. Em nome de Ds. fo. Em nome do Espírito Santo. Ar vivo, Ar morto, ar de estupor, ar de perlesia, ar arenegado, ar escomungado, eu te arenego. Em nome da Santicima trindade q. sayas do corpo desta Creatura, homem ou animal e q. vas parar no mar sagrado pa. q. viva sam e alliviado. P. N. Maria Credo".[28]

O essencial na maioria dessas fórmulas salvadoras é que a religião (ou a superstição) deve servir a fins terrenos e demasiado humanos. As potências celestiais são caprichosas; uma vez assegurado seu socorro em qualquer transe da vida, que obstáculo se poderá erguer às vontades dos homens? Não admira se em épocas que fizeram da pugnacidade virtude suprema, os ensalmos e rezas se convertessem, muitas vezes, no que chamaríamos hoje, com a mentalidade de hoje, um fator antissocial. É próprio de tais épocas considerar-se que determinados crimes, como o furto, pelo menos o furto desacompanhado de violência física, rebaixam e desclassificam quem os pratica; mas o homicida, inclusive o homicida traiçoeiro, esse poderá contar sempre com a possível benevolência dos homens e dos santos. Tão poderosa foi essa opinião, que consegue subsistir mesmo onde o tempo já dissipou os motivos que a amparavam e que de certo modo a explicavam.[29] A religião, por si só, não era o bastante para abrandar os costumes onde todas as condições materiais e morais tendiam a fazê-los rudes. Além disso ninguém negará que a agressividade turbulenta de um Bartolomeu Fernandes de Faria, por exemplo, ou dos irmãos Leme, chegou a ter, muitas vezes, uma função positiva e, ao cabo, necessária.

Um simples patuá, nessas circunstâncias, torna-se, com grande frequência, móvel e inspirador dos atos mais temerários. Na algibeira de um mamaluco paulista, morto em 1638 na redução jesuítica de São Nicolau, encontrou-se um papel que trazia estes dizeres: "Quem me traz consigo não morrerá no fragor das batalhas, nem expirará sem confessar-se e irá para o céu".[30] O uso de amuletos dessa ordem conserva-se, ainda em nossos dias, sobretudo nas paragens sertanejas e incultas. As fórmulas mágicas que encerram deverão agir, ora sobre seu portador, protegendo-o, ora diretamente sobre o inimigo, amolecendo-o ou desarmando-o. No último caso está a seguinte "oração de são Marcos", que chegou a alcançar terrível celebridade em algumas regiões do sul de São Paulo:

> São Marcos montou a cavalo e foi bater à porta de Jesus Cristo. Jesus Cristo perguntou o que queria. Senhor, eu vim guerrear com os teus inimigos. Se eles puxarem por armas largas, que são as facas, estas se dobrarão da ponta até ao cabo; se eles puxarem por armas estreitas, que são espadas, estas virarão batedeiras de algodão; se eles puxarem por armas de fogo, cairão os peixes e correrá água pelo cano; se eles puxarem por armas do mato, que são os porretes, virarão em hóstias. Quem rezar esta oração todas as sextas-feiras terá cem anos de perdão. Amém.

O facínora Antônio Rodrigues de Sousa, preso em Apiaí

pelo ano de 1885, depois de ter resistido com denodo a uma verdadeira multidão de homens armados, inclusive aos soldados de Faxina, declarou-se vencido e perdido sem remissão, quando lhe arrancaram do pescoço um breve contendo a oração de são Marcos.[31] Em realidade essa confiança cega na virtude dos patuás é considerada indispensável requisito para sua eficácia. Se eles não dão muitas vezes os resultados prometidos é fácil acreditar que seu portador não confiou plenamente na força mágica que encerram, ou que o adversário possuía alguma oração ainda mais milagrosa.

Vinda do reino, a crença no poder mágico da palavra falada ou escrita encontrou, entre nós, condições adequadas para ganhar terreno. É de notar que os próprios índios já se serviam a seu modo de fórmulas de encantamento, invocações ou rezas, em que certas combinações de palavras, pronunciadas de certa maneira e repetidas determinado número de vezes, podem livrar de qualquer perigo a quem as recite devotamente. Algumas vezes chega a surpreender, nas que Koch-Grünberg coligiu em suas expedições ao extremo norte da Amazônia, a similitude que apresentam com as orações e ensalmos caboclos. Assim, entre o gentio iaricuna ou taulipangue, quem deseje amansar seu pior inimigo terá de preparar-se, conforme determinadas regras de antemão fixadas, executar trejeitos apropriados e recitar um discurso que, vertido para o português, principia, mais ou menos, nestes termos: "Desvio as armas de meus inimigos, quando elas estão prestes a matar-me. Quando [os meus inimigos] estão furiosos, faço com que seus corpos se enfraqueçam. Retiro a força de seus corações. Faço com que se riam [...]".[32]

Na forma, no conteúdo, na intenção, tais os pontos de contato existentes entre essa e certas orações mágicas largamente conhecidas dos sertanejos, como a de são Marcos, ou a de santa Clara — a última usada ainda hoje no interior de São Paulo pelos que desejam abrandar os inimigos, tornando-os "mansos como cordeiros" —, que é lícito perguntar se não haveria aqui, mais do que mera coincidência, o resultado de uma interação assídua de crendices importadas e práticas indígenas.

Experiência e fantasia*

O gosto da maravilha e do mistério, quase inseparável da literatura de viagens na era dos grandes descobrimentos marítimos, ocupa espaço singularmente reduzido nos escritos quinhentistas dos portugueses sobre o Novo Mundo. Ou porque a longa prática das navegações do Mar Oceano e o assíduo trato das terras e gentes estranhas já tivessem amortecido neles a sensibilidade para o exótico, ou porque o fascínio do Oriente ainda absorvesse em demasia os seus cuidados, sem deixar margem a maiores surpresas, a verdade é que não os inquietam, aqui, os extraordinários portentos, nem a esperança deles. E o próprio sonho de riquezas fabulosas, que no resto do hemisfério há de guiar tantas vezes os passos do conquistador europeu, é em seu caso constantemente cerceado por uma noção mais nítida, porventura, das limitações humanas e terrenas.

A possibilidade sempre iminente de algum prodígio, que ainda persegue os homens daquele tempo, mormente em mundos apartados do seu, alheios aos costumes que adquiriram no viver diário, não deixará de afetá-los, mas quase se pode dizer que os afeta de modo reflexo: através de idealizações estranhas, não em virtude

* Em *Visão do paraíso* (ed. original 1959). São Paulo, Companhia das Letras, 2010.

da experiência. É possível que, para muitos, quase tão fidedignos quanto o simples espetáculo natural, fossem certos partos da fantasia: da fantasia dos outros, porém, não da própria. Mal se esperaria coisa diversa, aliás, de homens em quem a tradição costumava primar sobre a invenção, e a credulidade sobre a imaginativa. De qualquer modo, raramente chegavam a transcender em demasia o sensível, ou mesmo a colori-lo, retificá-lo, complicá-lo, simplificá-lo, segundo momentâneas exigências.

O que, ao primeiro relance, pode passar por uma característica "moderna" daqueles escritores e viajantes lusitanos — sua adesão ao real e ao imediato, sua capacidade, às vezes, de meticulosa observação, animada, quando muito, de algum interesse pragmático — não se relacionaria, ao contrário, com um tipo de mentalidade já arcaizante na sua época, ainda submisso a padrões longamente ultrapassados pelas tendências que governam o pensamento dos humanistas e, em verdade, de todo o Renascimento?

Nada fará melhor compreender tais homens, atentos, em regra geral, ao pormenor e ao episódico, avessos, quase sempre, a induções audaciosas e delirantes imaginações, do que lembrar, em contraste com o idealismo, com a fantasia e ainda com o senso de unidade dos renascentistas, o pedestre "realismo" e o particularismo próprios da arte medieval, principalmente de fins da Idade Média. Arte em que até as figuras de anjos parecem renunciar ao voo, contentando-se com gestos mais plausíveis e tímidos (o caminhar, por exemplo, sobre pequenas nuvens, que lhes serviriam de sustentáculo, como se fossem formas corpóreas), e onde o milagroso se exprime através de recursos mais convincentes que as auréolas e nimbos, tão familiares a pintores de outras épocas.[1]

Só a obstinada ilusão de que a capacidade de apreender o real se desenvolveu até aos nossos dias numa progressão constante e retilínea pode fazer-nos esquecer que semelhante "retrocesso" não se deu apenas na esfera da arte. Se parece exato dizer-se que aquela ilusão foi estimulada e fortalecida pelo inegável incremento das ciências exatas e da observação da Natureza, a contar do século XVI, é indubitável, no entanto, que nossa noção da realidade só pôde ser obtida em muitos casos por vias tortuosas, ou mesmo por escamoteações ainda que transitórias, do real e do concreto.

É bem significativo o viço notável alcançado, em geral, durante o Renascimento, por estudos tais como os da retórica, da magia, da astrologia, da alquimia, que, na sua maior parte, julgamos hoje anticientíficos e ineficazes, por isso mesmo que nos parecem tender a algumas daquelas escamoteações. Na primavera da Idade Moderna, quando à tradição medieval, árabe e cristã se alia a do mundo clássico, agora ressuscitada, povoando o céu de imagens "onde se transfiguram, ganhando forças novas, as crenças mitológicas da Antiguidade",[2] longe de chegarem a desfalecer é, ao contrário, um recrudescimento o que conhecem muitos desses estudos.

Em todo o longo curso da polêmica dos humanistas contra a escolástica e o aristotelismo, a superioridade frequentemente afirmada da retórica em confronto com a dialética e a lógica relaciona-se para muitos à sua capacidade de aderir mais intimamente ao concreto e ao singular ou, ainda, à sua eficácia maior como instrumento de persuasão.[3] Pode dizer-se que o influxo deste modo de sentir vai marcar ulteriormente o pensamento e, segundo todas as probabilidades, a estética dos seiscentistas, dirigindo esta última, de um lado, no sentido de esquivar-se à expressão direta, e de outro, paradoxalmente, para a forma incisiva e sem meandros.

A propósito deste último aspecto houve mesmo quem relacionasse à especulação de certos humanistas a doutrina do estilo chão, propugnada pelos puritanos, e nela visse o prenúncio, quando não exatamente a causa do racionalismo. Contudo, o pano de fundo daquela especulação ainda é o complexo de ensinamentos contra os quais ela procura rebelar-se, ganhando forças através desta rebelião: o aristotelismo e a escolástica medieval, mas a escolástica de físicos e lógicos, como o fora o português Pedro Hispano, não tanto a de teólogos, como o próprio santo Tomás de Aquino.

É principalmente nos países ibéricos que, apesar de Vives, por exemplo, ou dos erasmistas hispânicos, mais poderosos se vão fazer os entraves da tradição (em particular da tradição aristotélica, logo depois retomada, e da escolástica, recuperada e quase canonizada, até fora das universidades) a certas manifestações extremadas do humanismo. Às *animadversões* de um Pedro Ramus, tão influentes entre os povos do Norte,[4] ninguém se há de opor com vivacidade mais agastada, em prol do Estagirita e da Universidade, do que, em sua *Responsio*, de 1543, o português Antônio de Gouveia.[5]

Mesmo nesses países, porém, mal se poderá dizer sem exagero que ficará inútil todo o trabalho desenvolvido pelos humanistas, em sua campanha antiescolástica ou antiaristotélica. Da exaltação da retórica, oposto desse modo à lógica e à dialética, e ainda da aversão declarada a todo pensamento de cunho abstrato e puramente especulativo, permanecerão neles sinais duradouros.

Se a tanto vão as consequências do interesse generalizado pela retórica, numa época em que se situam as verdadeiras origens do moderno racionalismo e experimentalismo, dificilmente se dirá que foi menos eminente o prestígio, então, de certas doutrinas que a experiência e a razão parecem hoje repelir. Não é inteiramente justo pretender-se, e houve no entanto quem o pretendesse, que o ocultismo da Idade Média se reduz à *baixa magia* dos bruxedos, ao passo que a grande magia pertence de fato ao Renascimento. E todavia parece exato dizer que durante a era quinhentista e ao menos até Giordano Bruno e Campanella, se não mais tarde, as ideias mágicas alimentam constantemente a mais conhecida literatura filosófico-teológica.

Não tem mesmo faltado ultimamente quem procurasse assinalar a íntima relação existente entre as operações mágicas e a própria ciência experimental dos séculos XVI e XVII. Por mais que um Bacon, por exemplo, tivesse procurado eliminar de seu sistema as fábulas, maravilhas, "curiosidades" e tradições, a verdade é que não logrou sustar a infiltração nele de princípios dotados de forte sabor mágico e ocultista. E embora sem poupar acres censuras à Astrologia, por exemplo, chega a admitir, não obstante, que essa arte há de depurar-se apenas de excessos e escórias, mas não deve ser inteiramente rejeitada.

Por outro lado, os rastros que muitas concepções mágicas deixariam impressos nas suas teorias filosóficas, em sua biologia, sobretudo em sua medicina, que em alguns pontos parece confundir-se com a charlatanice, só se notam em escala muito menor na doutrina cartesiana, porque o terreno por estar aberto deixa naturalmente poucas oportunidades para uma invasão ostensiva da magia e do ocultismo.

Mas quem, como o próprio Descartes, ousou confessar sua incapacidade de discorrer sobre experiências mais raras antes de conseguir investigar ervas e pedras miraculosas da Índia, ou de ver a ave Fênix e tantas outras maravilhas exóticas, e além disso se valeu de lugares-comuns tomados à magia natural, para abordar segredos cuja simplicidade e inocência nos impedem de admirar as obras dos homens, não pode ser considerado tão radicalmente infenso a tal ou qual explicação oculta de fatos empíricos. E as causas fornecidas para as propriedades do ímã e do âmbar por um espírito como o seu, que tinha em mira dar motivos racionais e mecânicos para fenômenos supostamente ocultos, já puderam ser interpretadas como de molde a animar, e não a destruir, a crença na existência de tais fenômenos.[6]

Assim, as mesmas correntes espirituais que vão desembocar a seu tempo na negação do sobrenatural, passando sucessivamente pelo naturalismo, o racionalismo, o agnosticismo e enfim pelo ateísmo sem rebuço ou temor, parecem ocupadas, num primeiro momento, em retardar o mais possível e, por estranho que pareça, em contrariar a marcha no sentido da secularização crescente da vida: meta necessária, posto que nem sempre manifesta, dos seus esforços. De modo que não hesitam em ataviar, idealizar ou querer superar a qualquer preço o espetáculo mundano. Propondo-se uma realidade movediça e ativa, rica em imprevistos de toda sorte, elas destoam abertamente do tranquilo realismo daqueles que, ancorados na certeza de uma vida ditosa e perene, ainda que póstuma, consentem em aceitar o mundo atual assim como se oferece aos sentidos, e se recusam a vesti-lo de galas vãs.

O resultado é que uns, meio desenganados, talvez sem o saber, das promessas consoladoras, e movidos de uma desordenada impaciência, procuram ou já cuidam ter encontrado na vida presente o que os outros aguardam da futura, de sorte que o mundo, para suas imaginações, se converte num cenário prenhe de maravilhas. Aos últimos, porém, o viver cotidiano nem os deixa oprimidos, nem os desata dos cuidados terrenos, e o freio que parece moderar sua fantasia é uma esperança contente e sossegada.

Não está um pouco neste caso o realismo comumente desencantado, voltado sobretudo para o particular e o concreto, que vemos predominar entre nossos velhos cronistas portugueses? Desde Gandavo e, melhor, desde Pero Vaz de Caminha até, pelo menos, frei Vicente do Salvador, é uma curiosidade relativamente temperada, sujeita, em geral, à inspiração prosaicamente utilitária, o que dita as descrições e reflexões de tais autores. A extravagância deste ou daquele objeto, que ameaça desafiar o costume e a ordem da Natureza, pode ocasionalmente acarretar, é certo, alguma vaga sugestão de mistério. De que nos serve, porém, querer penetrar a todo o transe esses segredos importunos? Muito mais do que as especulações ou os desvairados sonhos, é a experiência imediata o que tende a reger a noção do mundo desses escritores e marinheiros, e é quase como se as coisas só existissem verdadeiramente a partir dela. A experiência, "que é madre das coisas, nos desengana e de toda dúvida nos tira",[7] assim falou um deles nos primeiros anos do século XVI.

"Madre" das coisas, não apenas sua "mestra", de acordo com a fórmula antiga, que mal principiavam a reabilitar pela mesma época espíritos do porte de Leonardo. A obsessão de irrealidades é, com efeito, o que menos parece mover aqueles homens, em sua constante demanda de terras ignotas. E, se bem que ainda alheios a esse "senso do impossível", por onde, segundo observou finalmente Lucien Febvre, pode distinguir-se a nossa da mentalidade quinhentista,[8] nem por isso mostravam grande afã em perseguir quimeras. Podiam admitir o maravilhoso, e admitiam-no até de bom grado, mas só enquanto se achasse além da órbita de seu saber empírico. Do mesmo modo, em suas cartas náuticas, continuarão a inscrever certos topônimos antiquados ou imaginários,[9] até o momento em que se vejam levados a corrigi-los ou suprimi-los, conforme o caso.

Não era essa, então, a atitude comum entre povos navegadores. Já às primeiras notícias de Colombo sobre as suas Índias tinham começado a desvanecer-se naquele Novo Mundo os limites do possível. E se todas as coisas ali surgiam magnificadas para quem as viu com os olhos da cara, apalpou com as mãos, calcou com os pés, não seria estranhável que elas se tornassem ainda mais portentosas para os que sem maior trabalho e só com o ouvir e o sonhar se tinham por satisfeitos. Nada parece, aliás, quadrar melhor com certa sabedoria sedentária do que a impaciência de tudo resolver, opinar, generalizar e decidir a qualquer preço, pois o ânimo ocioso não raro se ajusta com a imaginação aventureira e, muitas vezes, de onde mais minguada for a experiência, mais enfunada sairá a fantasia.

Reduzidas porém à palavra impressa, com o prestígio que se associa à novidade, muitas razões falsas e caprichosas deveriam ganhar, por aquele tempo, a força das demonstrações. A Rabelais, ou a quem escreveu o quinto livro de *Pantagruel*, deve-se certa alegoria que traduz a importância atribuída, entre seus contemporâneos, à literatura corrente sobre as terras incógnitas. Disforme velhinho, de enorme goela em que se agitam sete línguas — ou uma língua repartida em sete —, a falarem simultaneamente em sete idiomas diversos, o prodigioso *Ouyr-Dire*, apesar de cego e paralítico das pernas, ostenta da cabeça aos pés tanto de orelhas quanto de olhos tivera Argos.

Cercado de uma chusma de homens e mulheres, sempre atentos e gulosos de ciência, não cessa o monstro de ministrar-lhes, ajudado do mapa-múndi, explicações sumárias, em breves e incisivos aforismos, a respeito das mais notáveis maravilhas existentes em toda a superfície desta esfera terrestre, com o que se fazem eles sapientíssimos doutores, aptos a discorrer de cor e com perfeita elegância, sobre os mínimos aspectos da matéria versada. Matéria de que toda uma vida humana haveria de representar, normalmente, muito pouco para se conhecer sua centésima parte.

Não é sem alguma surpresa que, no rol dos historiadores antigos e modernos, dissimulando-se por trás de um tapete, a trabalhar afanosamente para Ouvir-Dizer e seus discípulos, vamos encontrar (único português nominalmente citado entre os membros de vasta equipe, que não inclui um Vasco da Gama, como não inclui, aliás, Colombo, nem Vespúcio) o descobridor da terra de Santa Cruz.[10] E é já alguma coisa o fato desse Pietre Álvares surgir na relação mutilado apenas do seu apelido mais notório, quando outros nomes — o de André Thevet, por exemplo, convertido em Tevault, ou o de Cadamosto, transformado em Cadacuist — de tão estropiados se tornam quase irreconhecíveis.

De qualquer modo a presença de Pedro Álvares Cabral numa ilustre companhia de cronistas ou, como lá está, de historiadores, companhia tão larga quanto eclética, pois abrange, entre outros, Estrabão e Plínio, Heródoto e Marco Polo, Haïton, o Armênio e o papa Pio II, ou seja, Eneias Silvio Piccolomini, só seria explicável por alguma estranha confusão: confusão, talvez, entre o almirante lusitano e o chamado Piloto Anônimo, autor de uma das relações conhecidas de sua viagem.[11]

A parte que cabe aos portugueses nas origens da geografia fantástica do Renascimento acha-se, realmente, em nítida desproporção com a multíplice atividade de seus navegadores. Sensíveis, muito embora, às louçanias e gentilezas dos mundos remotos que a eles se vão desvendando, pode dizer-se, no entanto, que ao menos no caso do Brasil escassamente contribuíram para a formação dos chamados mitos da conquista. A atmosfera mágica de que se envolvem para o europeu, desde o começo, as novas terras descobertas parece assim rarefazer-se à medida que penetramos a América lusitana. E é quando muito à guisa de metáfora, que o enlevo ante a vegetação sempre verde, o colorido, variedade e estranheza da fauna, a bondade dos ares, a simplicidade e inocência das gentes — tal lhes parece, a alguns, essa inocência que, dissera-o já Pero Vaz de Caminha, "a de Adão não seria maior quanto à vergonha" — pode sugerir-lhes a imagem do Paraíso Terrestre.

Se imagem semelhante alguma vez lhes ocorrera, aliás, no curso de sua já longa tradição náutica, fora, talvez, quando, passados os primeiros decênios de exploração da costa africana, àqueles quadros que até então tinham descortinado quase incessantemente, de baixos de pedra e areia movediça, em que nem cresce erva, nem há mostras de coisa viva, sucede, transposta a foz do Senegal, o espetáculo de um imenso país verdejante, florido e fértil, como a lembrar-lhes um sítio encantado.

Ao majestoso de tal espetáculo imprimia ainda um cunho de mistério a versão de que as águas do mesmo rio vinham da região das nascentes do Nilo. Alcançado o lugar em 1445 por Dinis Fernandes, dez anos depois um navegante veneziano a serviço do infante d. Henrique imagina-se, escudado no parecer de "homens sábios", em face de um dos muitos ramos do Gion, que nasce no Éden: outro ramo seria o Nilo.[12]

Note-se, porém, que não era de forja lusitana ou sequer quatrocentista essa curiosa teoria que levava um dos tributários do Gion — por certos autores identificado com o próprio Nilo — a ir despejar as águas no Atlântico. Pretendeu-se com bons argumentos que o primeiro a formulá-lo fora Eutimenes de Massília, e o "périplo" que celebrizou esse nauta data do sexto século antes de Cristo. Impressionara-se ele com a presença em um rio africano que desemboca no Atlântico de bestas-feras em tudo semelhantes às que se encontram no Egito. Assim se lê na transcrição que de seu testemunho nos dá Sêneca, como também a afirmativa lacônica de que o Nilo corre naquelas partes ocidentais: *"Navigavi Atlanticum mare. Inde Nilus fluit [...]"*.[13] Outros testemunhos antigos precisam que as tais bestas, semelhantes às do Egito, eram crocodilos e também hipopótamos.

Que Eutimenes tivesse efetivamente alcançado a boca do Senegal, é ponto ainda hoje controverso. Em apoio de semelhante presunção vem justamente aquela referência aos crocodilos, que, a julgar pelas condições atuais, não poderiam encontrar-se em nenhum outro lugar mais ao norte na costa atlântica da África.[14] Como esses grandes sáurios passavam então por uma espécie de prerrogativa do Nilo, não custava aparentar a este todo rio onde porventura se achassem. Foi o que se deu com o próprio Indo, que ainda ao tempo de Alexandre, e para o próprio Alexandre, passava por ser, em realidade, o curso superior do Nilo.

Por incrível que possa parecer, a ideia continuou a ter crédito durante muitos séculos, e saiu mesmo fortalecida com o advento do cristianismo. Pois não está no Gênesis que manava do Paraíso Terreal um rio para regá-lo, e dali se tornava em quatro ramos, o Fison, o Gion, o Heidequel e o Eufrates? Desde que os três primeiros passaram a ser em geral identificados com o Ganges, o Nilo e o Tigre, respectivamente, restava todavia um problema de difícil solução: onde e como chegariam suas correntes a confluir? Flávio Josefo dissera do Éden que era regado por um só rio, cuja corrente circunda a Terra, subdividida em quatro braços. A dificuldade foi por alguns resolvida com a sugestão de que as águas desse rio iam unir-se, na sua maior parte, por baixo da terra.

Registrando semelhante versão, que também se acha bem documentada, aliás, na monumental antologia crítica das antigas viagens de descobrimento elaborada pelo dr. Richard Hennig, pôde Howard R. Patch invocar a afirmação de Filostórgio de que as águas do Nilo ou Gion, depois de deixarem o Éden e antes de chegarem a qualquer sítio habitado, se dirigem secretamente ao mar Índico; empreendem então uma espécie de curso circular e logo passam por baixo de todo o continente, que se estende até o mar Vermelho, onde penetram também às ocultas, para irem reaparecer, afinal, sob os montes chamados da Lua. Ali arrebentam de quatro fontes, não muito arredadas umas das outras, que lançam suas águas a grandes alturas. Em seguida cai o rio em um precipício alcantilado e, atravessada a Etiópia, entra por fim em terra do Egito.[15]

Por menos espantosa, na aparência, a teoria de que o Nilo deitava um braço para o poente e que este bem poderia ser o Senegal dos antigos navegadores portugueses teve mais longa vida do que a de sua comunicação subterrânea e submarina com o Indo ou o Ganges. Segundo observa Rinaldo Caddeo, em nota à sua edição das viagens de Cadamosto, ainda em 1711 o alemão G. B. Homann casa o Nilo com o Níger, chamando a um *Nilus albus* e a outro *Nilus ater*: ao último faz desaguar no Atlântico através de vários ramos, um dos quais seria o Senegal.[16] Durante toda a Idade Média, a teoria iniciada por Eutimenes e bem acolhida de muitos autores da Antiguidade clássica fora acreditada principalmente pelos geógrafos árabes, que, desde Edrisi, por volta de 1150 de nossa era, tinham conhecimento do Níger, a que denominavam o Nilo dos negros. O próprio Edrisi chegara a dizer textualmente que, se o Nilo egípcio corre do sul para o norte, outra parte do mesmo rio "se dirige do oriente até aos extremos limites, no poente: ao longo deste braço estendem-se em sua totalidade ou maior parte os países dos pretos".[17]

Não é impossível que, para Cadamosto e seus companheiros portugueses, razões semelhantes às que tinham levado o marinheiro massiliota a associar ao Nilo um dos rios africanos que desembocam no Atlântico, tivessem servido para fortalecer a mesma convicção. O fato é que, depois de aludir à existência de hipopótamos no Gâmbia e em muitos outros cursos de água da região,[18] acrescenta que esse animal não se acha em outras partes navegadas pelos cristãos, ao que ouvira dizer, salvo, talvez, no Nilo: *"non si trova in altre parti dove si naviga per nostri Cristiani, per quanto ho potuto intendere, se non per ventura nel Nilo"*. De qualquer modo, tão generalizada andava a opinião de que este e o Senegal representam galhos de um mesmo rio, que antes mesmo da primeira viagem do navegador veneziano a serviço do infante d. Henrique, encontrava ela guarida na célebre bula *Romanus Pontifex* de Nicolau v, onde se diz das caravelas lusitanas mandadas a descobrir as províncias marítimas para a banda do polo antártico, terem alcançado a boca de um rio que se pensava ser o Nilo.

É de crer que, herdando essa opinião dos geógrafos árabes, ou mesmo de numerosos autores da Antiguidade greco-romana, tais como Heródoto, Aristóteles ou Plínio, não duvidassem muitos portugueses em aceitá-la, tanto mais quanto se limitaram suas explorações geralmente à orla marítima, onde não havia lugar para se verificar sua falsidade.

A imagem dessa África insular, abraçada, em grande parte de seu território, pelos dois ramos de um mesmo rio, não deixaria de ser sugestiva, aliás, para um povo dado à navegação. Da mesma forma poderiam figurar ainda uma Índia insular, tendo em conta que, para o gentio daquelas partes, era fama, segundo refere João de Barros, que o Indo e o Ganges saíam de uma veia comum: de onde a fábula dos dois irmãos que entre eles corria.[19] E sabe-se como o fato de numerosos mapas quinhentistas e seiscentistas mostrarem as águas do Amazonas e as do Prata unidas no nascedouro, através de uma grande lagoa central, levou o historiador Jaime Cortesão a sugerir ultimamente a ideia de uma "ilha Brasil", que teria sido concebida entre os portugueses da época sob a forma de mito geopolítico.

Não é fácil, contudo, imaginar de que forma concepções como essa, se é que existiram de fato, poderiam ter tido papel tão considerável na expansão lusitana. No caso particular da África, onde elas deviam encontrar terreno excepcionalmente favorável a seu desenvolvimento, devido à velha sugestão de que as águas do Senegal, assim como as do Nilo, provinham do próprio Paraíso Terreal, nada faz crer que chegassem a exercer sobre aqueles navegantes algum extraordinário fascínio.

E se tal crença logrou ser amplamente partilhada em Portugal, o que dela nos chega, em escritos dos primeiros anos do século XVI, é quando muito o abafado eco: certa alusão, por exemplo, a um país abençoado, onde os homens aparentemente não adoecem, ou, se já enfermos, logo ficam sãos em lá chegando.

Com efeito, numa página do *Esmeraldo* referente à Etiópia inferior, que é como então se chamava a zona limitada ao norte pelo rio do "Çanagá", Duarte Pacheco Pereira dá como "certo e sabido" que nunca, em algum tempo, morreram ali homens de "pestelencia". E não somente era dotado o sítio dessa admirável virtude, "que a majestade da grande natureza deu, mas ainda temos, por experiência, que os navios em que para aquelas partes navegamos, tanto que naquele crima são, nenhuns dos que neles vão, desta infirmidade morrem, posto que desta cidade de Lisboa, sendo toda deste mal, partam e neste caminho alguns aconteçam de adoecer e outros morrer; como na Etiópia são, nenhum dano recebem".[20]

Mesmo se sucedia capitularem momentaneamente ao pendor para o fabuloso, é quase sempre na experiência "madre das coisas" que vemos fiarem-se os marinheiros e exploradores portugueses da época: os olhos que enxergam, as mãos que tateiam, hão de mostrar-lhes constantemente a primeira e a última palavra do saber. Saber este ainda fiel a ponderados conselhos como os de el-rei d. Duarte, quando reclama de seu leitor que não se deixe mover "sem fundamento certo, nem cure de signos, sonhos ou topos de vontade".[21] E que irá marcar as próprias páginas dos *Lusíadas*, numa das oitavas finais, onde o poeta, falando a d. Sebastião, exclama, a propósito da "disciplina militar prestante", que esta não se aprende

[...] *na fantasia,*
Sonhando, imaginando ou estudando,
Se não vendo, tratando e pelejando.[22]

A exploração pelos portugueses da costa ocidental africana e, depois, dos distantes mares e terras do Oriente poderia assimilar-se, de certo modo, a uma vasta empresa exorcística. Dos demônios e fantasmas que, através de milênios, tinham povoado aqueles mundos remotos, sua passagem vai deixar, se tanto, alguma vaga ou fugaz lembrança, em que as invenções mais delirantes só aparecem depois de filtradas pelas malhas de um comedido bom senso.

À inclinação para engrandecer eventualmente ou para falsear as coisas vistas no ultramar desconhecido, opõe-se neles a *fidei faciendae difficultas*, de que chegará a lamentar-se o bispo d. Jerônimo Osório. Aubrey Bell não hesita em afirmar de "todos os viajantes portugueses" quinhentistas, que se põem de guarda contra a "incredulidade notória" que distingue pela mesma época os seus conterrâneos, e a semelhante regra não abre exceção o próprio Fernão Mendes Pinto, cujos escritos, tidos durante longo tempo como fantasiosos, lhe parecem guardar, apesar de tudo, "o cunho da verdade".[23]

Não haverá grande exagero em dizer-se daqueles homens que, alheios, embora, às ruidosas especulações, puderam, com seu tosco realismo, inaugurar novos caminhos ao pensamento científico, no alvorecer dos tempos modernos, pelo simples fato de terem desterrado alguns velhos estorvos ao seu progresso. E dificilmente se poderia deixar de dar razão a historiadores portugueses que assinalam a importante contribuição prestada nesse sentido, por aqueles viajantes e marinheiros. "Eliminar erros e prejuízos", escreve judiciosamente um desses historiadores, "equivale pelo menos a desbravar o acesso à verdade, e este foi, com efeito, o primeiro e mais retumbante resultado dos descobrimentos. As ideias geográficas acerca da África começaram a ruir subitamente com a passagem do equador, e com este rasgo audaz os nossos pilotos articulam, ao mesmo tempo, os primeiros desmentidos à ciência oficial e aos prejuízos comumente admitidos. A inabitabilidade da zona tórrida, certas ideias sobre as dimensões da Terra, o 'sítio do orbe', as imaginadas proporções das massas líquida e sólida de nosso planeta, os horríveis monstros antropológicos e zoológicos, as lendas de ilhas fantásticas e de terrores inibitórios — tudo isso que obscurecia o entendimento e entorpecia a ação foi destruído pelos nossos pilotos com o soberano vigor dos fatos indisputáveis."[24]

E um erudito pesquisador da história literária dos descobrimentos marítimos pôde de modo semelhante, e sem intuito, aliás, de pretender associá-la diretamente à sobriedade de imaginativa daqueles pilotos e exploradores, apresentar como uma das consequências de sua obra a progressiva retração da área tradicional dos países da lenda e do sonho. "Na época de Colombo e de Pigafetta", observa efetivamente Leonardo Olschki, "as experiências coloniais dos portugueses tinham arrebatado, até mesmo às terras da Ásia e da África, muitos dos seus encantos. À medida que, no século xv, prosseguiam os empreendimentos inspirados por Henrique, o Navegador, ao longo da orla ocidental africana, as representações fabulosas e monstruosas preexistentes se iam apagando dos roteiros, dos mapas, das imaginações, deslocando-se para outros rumos. Desde que Dinis Dias tomou posse do Cabo Branco, em 1445, e que, passado um ano, Álvaro Fernandes se lançou até à embocadura do rio Grande, ou que Alvise Da Cá Da Mosto, gentil--homem veneziano, penetrou na região do Senegal, subindo o curso do rio para lugares não sabidos, a costa africana deixou de ser uma incógnita e, em seguida às explorações de Bartolomeu Dias, pareceu despojar-se até de seus mistérios. E quando, mais tarde, Vasco da Gama, dobrando o cabo da Boa Esperança, chega, aos 20 de novembro de 1498, à vista de Calicute, também a Índia fabulosa vai converter-se num imenso mercado que o grande navegador, feito vizo-rei, ensinará a desfrutar em nome de seu soberano."[25]

Seria possível dizer o mesmo, com a mesma ênfase, a propósito das façanhas náuticas de outros povos, dos castelhanos em particular? Não é precisamente um aguçar-se do senso da maravilha e do mistério o que parece ocorrer, ao menos nos primeiros tempos, quando seus marinheiros entram em contato com os mundos distantes e ignorados? Já ao tempo de Colombo, a crença na proximidade do Paraíso Terreal não é apenas uma sugestão metafórica ou uma passageira fantasia, mas uma espécie de ideia fixa, que ramificada em numerosos derivados ou variantes acompanha ou precede, quase indefectivelmente, a atividade dos conquistadores nas Índias de Castela.

Ao chegar diante da costa do Pária, esse pressentimento, que aparentemente animara o genovês desde que se propusera alcançar o Oriente pelas rotas do Atlântico, acha-se convertido para ele, e talvez para os seus companheiros, numa certeza inabalável que trata de demonstrar com requintes de erudição. Assim, na carta onde narra aos reis católicos as peripécias da terceira viagem ao Novo Mundo — "outro mundo", nas suas próprias expressões —, propõe-se seriamente, logo que tenha mais notícias a respeito, mandar reconhecer o sítio abençoado onde viveram nossos primeiros pais.[26]

Certas versões geralmente bem apoiadas nos juízos dos teólogos, que tendem a situar o Paraíso nos confins da Ásia, parecem corresponder em tudo aos dados da geografia fantástica em que se deixava embalar o navegante. Se à vista da ilha de Haiti julgara, de início, ter chegado diante da bíblica Ofir — e quantos, depois dele, não entretiveram a mesma ideia sobre as mais diversas regiões do Novo Mundo? —, a interpretação dada aos nomes indígenas firmará logo a obstinada convicção de que aportara ao Extremo Oriente. Cibao, por exemplo, seria uma simples variante fonética do Cipangu de Marco Polo, e no próprio nome de "canibais", associado ao gentio mais intratável e sanhoso daquelas ilhas, chegava a descobrir uma alusão evidente ao grão-cão da Tartária.

A essa porfia e à de procurar prevenir na medida do possível quaisquer dúvidas sobre a veracidade de suas identificações, prende-se o zelo que teve, segundo relembrou, não há muito, um historiador, de recolher os espécimens da flora do lugar que lhe parecessem aptos a dar-lhes mais peso. Como existisse ali certo arbusto cujas folhas cheiravam a canela, não houve hesitação: era canela. Que melhor prova para sua pretensão de ter alcançado o Oriente das especiarias? Assim também o *nogal del país*, com suas pequeninas nozes, imprestáveis para a alimentação, viu-se assimilado — lembra-o ainda Samuel Eliot Morison — ao coqueiro das Índias, celebrado por Marco Polo.[27] Vários homens acharam umas raízes no mato e levaram-nas logo a mestre Sanchez cirurgião para que as examinasse: este, como os que mais se comprazem em abonar de imediato os próprios pareceres e dá-los por certos do que em cuidar se o são, deliberou arbitrariamente que se tratava, nada menos, do precioso ruibarbo da China.

O próprio ouro, tão vivamente almejado, pressentido e já tocado com a imaginação, ainda antes de dar de si mostra menos equívoca, sendo exato que a só existência dele naquelas partes pagaria todo o trabalho de descobrimento e conquista, devia também contribuir a seu modo para corroborar essa pretensão. Pois não assentara Colombo que até à costa de Veragua se estendiam as famosas minas do rei Salomão, situadas por Josefo na Áurea, ou seja, ao oriente da Índia?[28]

Não só daria aquele ouro grande acréscimo à Fazenda Real, além de cobrir os gastos havidos para tão gloriosa empresa, como o fora a incorporação de novos mundos ao patrimônio da Coroa, mas sobretudo poderia servir a fins mais devotos, entre estes o da recuperação do Santo Sepulcro em Jerusalém. E a presença de tamanhos tesouros nas terras descobertas, se não bastava para atestar a vizinhança com o paraíso perdido, de qualquer forma dava meios para o acesso à eterna bem-aventurança. Assim cuidava, com efeito, o genovês, e escrevendo da Jamaica, em 1503, aos reis católicos, reafirma com singular veemência essa convicção: o ouro, dizia então, é excelentíssimo: de ouro faz-se tesouro, e com ele, quem o tem, realizará quanto quiser no mundo, e até mandará as almas ao paraíso.[29] De sorte que, faltando a remuneração deste mundo, sempre haveria de acudir a celeste.

Notas

O PODER PESSOAL [PP. 7-38]

1. Benedetto Croce, *Storia d'Europa nel secolo cecimonono*, Bari, Laterza, 1932, p. 299.
2. George W. F. Hollgarten, *Imperialismus vor 1914*, Munique, C. H. Beck'sche Verlagsbuchhandlug, 1º vol., 1963, p. 18.
3. Tratando então da retirada do gabinete da Maioridade, dissera Antônio Carlos: "Nestas circunstâncias os cinco ministros que eram de outra opinião eram obrigados a retirar-se e ser vencidos. Não foi Sua Majestade que decidiu, porque *o imperador reina e não governa*". Logo depois ainda retoma a fórmula: "os soberanos não governam, reinam; governam os ministros".
4. Uma exceção é fornecida pela obra de Braz Florentino Henriques de Sousa, que se inspirou sobretudo nos teóricos da Contrarrevolução ou da ditadura, especialmente Joseph de Maistre e Donoso Cortez. Em seu livro *Do Poder Moderador*, esse lente da Faculdade de Direito do Recife tenta mostrar, em 1864, que o imperador "resume o Estado em sua pessoa", é "a Constituição encarnada" (p. 38). É da justiça notar que Pedro II sempre esteve longe de pensar assim, e acreditava poder ver algum dia aproximar-se o país do sistema britânico.

O HOMEM CORDIAL [PP. 44-59]

1 F. Stuart Chapin, *Cultural change*, Nova York, 1928, p. 261.
2 Knight Dunlap, *Civilized life: The principles and applications of social psychology*, Baltimore, 1935, p. 189.
3 Margaret Mead, Ruth Shoule Cavan, John Dollard e Eleanor Wembridge, "The adolescent world: Culture and personality", *The American Journal of Sociology* (jul. 1936), pp. 84 ss.
4 "A perda da mãe na infância", diz ainda, "é um acontecimento fundamental na vida, dos que transformam o homem, mesmo quando ele não tem consciência do abalo. Desde esse dia ficava decidido que Nabuco pertenceria à forte família dos que se fazem asperamente por si mesmos, dos que anseiam por deixar o estreito conchego da casa e procurar abrigo no vasto deserto do mundo, em oposição aos que contraem na intimidade materna o instinto doméstico predominante. Hércules não se preocupava de deixar os filhos na orfandade, diz-nos Epicteto, porque sabia que não há órfãos no mundo." Joaquim Nabuco, *Um estadista do Império*, I (São Paulo, 1936), p. 5.
5 Max Weber, *Wirtschaft und Gesellschaft*, II (Tübingen, 1925), pp. 795 ss.
6 A expressão é do escritor Ribeiro Couto, em carta dirigida a Alfonso Reyes e por este inserta em sua publicação *Monterey*. Não pareceria necessário reiterar o que já está implícito no texto, isto é, que a palavra "cordial" há de ser tomada, neste caso, em seu sentido exato e estritamente etimológico, se não tivesse sido contrariamente interpretada em obra recente de autoria do sr. Cassiano Ricardo onde se fala no *homem cordial* dos aperitivos e das "cordiais saudações", "que são fechos de cartas tanto amáveis como agressivas", e se antepõe à cordialidade assim entendida o "capital sentimento" dos brasileiros, que será a bondade e até mesmo certa "técnica da bondade", "uma bondade mais envolvente, mais política, mais assimiladora".

Feito este esclarecimento e para melhor frisar a diferença, em verdade fundamental, entre as ideias sustentadas na referida obra e as sugestões que propõe o presente trabalho, cabe dizer que, pela expressão "cordialidade", se eliminam aqui, deliberadamente, os juízos éticos e as intenções apologéticas a que parece inclinar-se o sr. Cassiano Ricardo, quando prefere falar em "bondade" ou em "homem bom". Cumpre ainda acrescentar que essa cordialidade, estranha, por um lado, a todo formalismo e convencionalismo social, não abrange, por outro, apenas e obrigatoriamente, sentimentos positivos e de *concórdia*. A inimizade bem pode ser tão *cordial* como a amizade, nisto que uma e outra nascem do *coração*, procedem, assim, da esfera do íntimo, do familiar, do privado. Pertencem, efetivamente, para recorrer a termo consagrado pela moderna sociologia, ao domínio dos "grupos primários", cuja unidade, segundo observa o próprio elaborador do conceito, "não é somente de harmonia e amor". A amizade, desde que abandona o âmbito circunscrito pelos sentimentos privados ou íntimos, passa a ser, quando muito, benevolência, posto que a imprecisão vocabular admita maior extensão do conceito. Assim como a inimizade, sendo pública ou política, não *cordial*, se chamará mais precisamente hostilidade. A distinção entre inimizade e hostilidade, formulou-a de modo claro Carl Schmitt recorrendo ao léxico latino: "*Hostis is est cum quo publice bellum habemus* [...] *in quo ab inimico differt, qui est is, quocum habemus privata odia...*". Carl Schmitt, *Der Begriff des Politischen* (Hamburgo, [1933]), p. 11, n.

7   Friedrich Nietzsche, *Werke*, Alfred Köner Verlag, IV (Leipzig, s.d.), p. 65.

8   O mesmo apego aos diminutivos foi notado por folcloristas, gramáticos e dialetólogos em terras de língua espanhola, especialmente da América, e até em várias regiões da Espanha (Andaluzia, Salamanca, Aragão...). Com razão observa Amado Alonso que a abundância de testemunhos semelhantes e relativos às zonas mais distintas

prejudica o intento de se interpretar o abuso de diminutivos como particularismo de cada uma. Resta admitir, contudo, que esse abuso seja um traço do regional, da linguagem das regiões enquanto oposta à geral. E como a oposição é maior nos campos do que nas cidades, o diminutivo representaria sobretudo um traço da fala rural. "A profusão destas formas", diz Alonso, "denuncia um caráter cultural, uma forma socialmente plasmada de comportamento nas relações coloquiais, que é a reiterada manifestação do tom amistoso em quem fala e sua petição de reciprocidade. Os ambientes rurais e dialetais que criaram e cultivam essas maneiras sociais costumam ser avessos aos tipos de relações interpessoais mais disciplinadas das cidades ou das classes cultas, porque os julgam mais convencionais e mais insinceros e inexpressivos do que os seus." Cf. Amado Alonso, "Noción, emoción, acción y fantasia en los diminutivos", *Volkstum und Kultur der Romanen*, VIII, 1º (Hamburgo, 1935), pp. 117-8. No Brasil, onde esse traço persiste, mesmo nos meios mais fortemente atingidos pela urbanização progressiva, sua presença pode denotar uma lembrança e um *survival*, entre tantos outros, dos estilos de convivência humana plasmados pelo ambiente rural e patriarcal, cuja marca o cosmopolitismo dos nossos dias ainda não conseguiu apagar. Pode-se dizer que é um traço nítido da atitude "cordial", indiferente ou, de algum modo, oposta às regras chamadas, e não por acaso, de *civilidade* e *urbanidade*. Uma tentativa de estudo da influência exercida sobre nossas formas sintáxicas por motivos psicológicos semelhantes encontra-se em João Ribeiro, *Língua nacional* (São Paulo, 1933), p. 11.

9 Ou sejam as categorias: 1) de parentesco; 2) de vizinhança; 3) de amizade.

10 André Siegfried, *Amérique Latine* (Paris, 1934), p. 148.

11 Prof. dr. Alfred von Martin, "Kultursoziologie des Mittelalters", *Hand-wörterbuch der Soziologie* (Stuttgart, 1931), p. 383.

12 Fernão Cardim, *Tratados da terra e gente do Brasil* (Rio de Janeiro, 1925), p. 334.

13 Auguste de Saint-Hilaire, *Voyage au Rio Grande do Sul* (Orléans, 1887), p. 587.
14 Reverendo Daniel P. Kidder, *Sketches of residence and travels in Brazil*, I (Londres, 1845), p. 157.
15 Thomas Ewbank, *Life in Brazil or a Journal of a visit to the land of the cocoa and the palm* (Nova York, 1856), p. 239.

BOTICA DA NATUREZA [PP. 60-80]

1 *Atas da Câmara Municipal da Vila de São Paulo*, I (São Paulo, 1914), p. 214.
2 Garcia de Resende, *Cancioneiro geral*, v (Coimbra, 1917), p. 326.
3 *Livro dos Regimentos dos Officiaes Mechanicos da Mui Nobre e Sêpre Cidade de Lixboa 1572*, publicado pelo dr. Virgílio Correia (Coimbra, 1926), p. 84.
4 Gabriel Soares de Souza, *Tratado descriptivo do Brasil em 1587*, 3ª ed. (São Paulo, 1938), p. 285.
5 Bernardo de Vargas Machuca, *Milicia y descripción de Las Indias*, II (Madri, 1892), p. 134.
6 *Diálogos das grandezas do Brasil* (Rio de Janeiro, 1930), p. 24.
7 *Inventários e testamentos*, I (São Paulo, 1920), pp. 205 e 227; idem, III, p. 86; idem, VIII, p. 148.
8 Frei Vicente do Salvador, *História do Brasil*, 3ª ed. (São Paulo, s.d.), p. 41.
9 Spix & Martius, *Reise in Brasilien*, I (Munique, 1823), pp. 233 ss.
10 Martius & Veloso de Oliveira, *Sistema de matéria médica vegetal brasileira* (Rio de Janeiro, 1854), pp. 21 ss.
11 José Rodrigues de Abreu, *Histologia médica*, I (Lisboa Ocidental, 1733), p. 600.
12 "Livro que contém o que fez o exmo. sr. governador d. Rodrigo César de Meneses (Do que ha em heste sertam sem se fazer caso nem estimação do que vale!)", Ms. do Instituto Histórico e Geográfico Brasileiro, liv. 89, ms. 1509, fl. 269.

NOTAS

13 Pero de Magalhães Gandavo, *Tratado da terra do Brasil* (Rio de Janeiro, 1924), p. 42.
14 Manuel Cardoso de Abreu, "Divertimento admirável", *Revista do Instituto Histórico e Geográfico de S. Paulo*, VI (São Paulo, 1902), p. 275.
15 F. C. Hoehne, *O que vendem os ervanários de S. Paulo* (São Paulo, 1920), p. 217. O autor assinala igualmente dentes de jacaré, indicados "contra várias coisas, principalmente contra o mau-olhado". Sobre a popularidade desse amuleto entre paulistas, no século XVII, ver Manuel Cardoso de Abreu, op. cit., p. 257. Sobre a atribuição, entre índios, de poderes mágicos aos dentes de jacaré e às unhas de tamanduá, cf. respectivamente Theodor Koch-Grünberg, *Zwei Jahre unter den Indianern* (Stuttgart, 1909), I, p. 67; e Carl von den Steinen, *Unter den Naturvölkern Zentral-Brasiliens* (Berlim, 1894), p. 479.
16 Vargas Machuca, op. cit., II, pp. 134 e 137; Pedro Lozano, *Historia de la conquista del Paraguay, Rio de la Plata y Tucumán*, I (Buenos Aires, 1874), pp. 291 e 307.
17 Frei Vicente do Salvador, op. cit., p. 41; Gabriel Soares de Souza, op. cit., p. 185; F. C. Hoehne, op. cit., pp. 215-6.
18 Pero de Magalhães Gandavo, op. cit., p. 101.
19 Simão de Vasconcelos, *Vida do pe. João de Almeida* (Lisboa, 1658), p. 116.
20 Fernão Cardim, *Tratados da terra e gente do Brasil* (Rio de Janeiro, 1925), p. 56.
21 Couto de Magalhães, *Viagem ao Araguaia*, 3ª ed. (São Paulo, 1934), p. 165.
22 Martius, *Natureza, doenças, medicina e remédios dos índios brasileiros* (São Paulo, 1939), p. 224.
23 Manuel da Silva Leitão, *Arte com vida ou vida com arte*, 1738, apud Fernando São Paulo, *Linguagem médica popular no Brasil*, II (Rio de Janeiro, 1936), pp. 23-4.
24 Mário de Andrade, *Namoros com a medicina* (Porto Alegre, 1939), p. 66.
25 "A bandeira de Anhanguera a Goiás, segundo José

Peixoto da Silva Braga", *Gazeta Literária*, I, 3 (Rio de Janeiro, 1/9/1883), p. 64.

26 José Rodrigues de Abreu, op. cit., II, p. 431.

27 Manuel da Fonseca, *Vida do venerável padre Belchior de Pontes* (São Paulo, 1913), p. 33.

28 *Documentos interessantes para a história e costumes de São Paulo*, III, 3ª ed. (São Paulo, 1913), p. 58.

29 Em 1857, falando à Assembleia Legislativa de São Paulo, a mais alta autoridade da província, depois de explicar que, embora tivessem aumentado em número os crimes de morte, estes na verdade não revelaram grande perversidade em quem os praticava, pondera o seguinte: "Além disso houve uma diminuição de 54 outros crimes, tais como o roubo, o furto, o estelionato, o estupro, cuja prática demonstra muito mais imoralidade e depravação de costumes que o homicídio — quase sempre resultante da falta de civilização e de vinganças particulares devido a pouca regularidade na administração da justiça". *Discurso com que o ilustríssimo e excelentíssimo sr. senador José Joaquim Fernandes Tôrres, presidente da província de São Paulo, abriu a Assembleia Legislativa Provincial no ano de 1858* (São Paulo, 1858), p. 5.

30 Carlos Teschauer, *História do Rio Grande do Sul dos dois primeiros séculos*, I (Porto Alegre, 1918), p. 179.

31 Domingos J. B. Jaquaribe Filho, *O sul de São Paulo* (São Paulo, 1886), pp. 59-60.

32 Theodor Koch-Grünberg, *Vom Roroima zum Orinoco*, III (Stuttgart, 1923), p. 223.

EXPERIÊNCIA E FANTASIA [PP. 81-99]

1 Cf. Heirinch Wölfflin, *Classic art*, pp. 222 ss. Sobre o senso de unidade introduzido pela arte renascentista em contraste com a dos fins da Idade Média, veja-se do mesmo autor os *Kunstgeschichtliche Grundbegriffe* às pp. 180 ss. e *passim*, em particular toda a quarta seção, onde são examinadas, segundo um critério es-

tilístico, as "categorias" antitéticas de Multiplicidade e Unidade.
2   G. Pico della Mirandola, *Disputationes Adversus Astrologiam Divinatricem*, I, pp. 13 ss.
3   Bem típica da argumentação quinhentista sobre o problema é a tese sustentada por Brocardo, nos diálogos de S. Speroni, de que, no plano "histórico", não se oferece lugar para as verdades absolutas das ciências demonstrativas, mas só para os conhecimentos aproximativos. Achando-se o homem colocado em um meio-termo entre os animais e as inteligências puras, é de modo mediano que ele se conhece. "O qual modo", diz, "não é senão a opinião gerada pela retórica [...]." Convém, pois, que "as nossas repúblicas sejam prudentemente governadas, não pelas ciências demonstrativas, verdadeiras e certas para todos os tempos, mas pelas retóricas opiniões, variáveis e transmutáveis (como o são as nossas obras e leis)", apud Eugênio Garin, *Medioevo e Rinascimento*, p. 135, e *L'umanesimo italiano*, p. 225.
4   Cf. Walter J. Ong, S. J., "Ramus and the pre-newtonian mind", *English Institute essays*, p. 169. A influência de Ramus seria sensível na França e, ainda mais, em terras protestantes, como a Alemanha e a Grã-Bretanha, ou mesmo nas colônias inglesas da América do Norte, terras essas em que o seu sistema, segundo a observação de um historiador das ideias, se tornaria rapidamente um sério rival da lógica aristotélica nas escolas, Paul Oskar Kristeller, *The classic and Renaissance thought*, p. 41. Ver também Perry Miller, *The New England mind: The Seventeenth Century* (Boston, 1961), pp. 116-78 e 493-501. Tentou-se recentemente, em obra de cerrada erudição e análise, mostrar a influência decisiva do ramismo sobre toda a poética de John Donne e dos chamados "metafísicos" ingleses do século XVII: Rosemond Tuve, *Elisabethan and metaphysical imagery; Renaissance and Twentieth Century critics* (Chicago, 1947).
5   Da *Antonii Goueani pro Aristotele respõsio, aduersus Petri Rami calunias* há reprodução fac-similar moderna, seguida de tradução portuguesa de autoria de Aqui-

lino Ribeiro: Antônio de Gouveia, *Em prol de Aristóteles* (Lisboa, 1940).
6   Lynn Thorndike, "The attitude of Francis Bacon and Descartes towards magic and occult sciences", *Science, Medicine and History*, 1, pp. 451-4.
7   Duarte Pacheco Pereira, *Esmeraldo De Situ Orbis*, p. 20.
8   "*Les hommes de 1541 ne disaient pas: impossible. Ils ne savaient pas douter de la possibilité d'un fait. Aucune notion tyrannique, absolue, contraignante de loi ne limitait pour eux la puissance illimitée d'une nature créatrice et productrice sans frein. La critique du fait ne commencera, précisement, que le jour où cette notion de loi entrera en vigueur universellement — le jour où, par là même, la notion d'*impossible, *si féconde en dépit de ses apparences négatives, prendra un sens; le jour où, pour tous les esprits, le* non posse *engendra le* non esse. *Au* XVIe *siècle, ce jour n'est pas venu*", L. Febvre, *Le problème de l'incroyance*, pp. 476 ss.
9   Leo Bagrow, *Die Geschichte der Kartographie*, pp. 90 ss.
10 *Pantagruel*, Liv. v, cap. XXXI.
11 Lembrou o sr. Afonso Arinos de Melo Franco, a outro propósito, como, publicada primeiramente em italiano, a relação do "Piloto Anônimo" saiu em latim, em versão impressa por Grineu no ano de 1512, em que também se redigiu o livro segundo de *Pantagruel*, o mesmo que anuncia a viagem projetada para o herói à Índia — onde se iria casar com a filha do Preste João — com escala no país dos canibais, inspirada possivelmente na rota cabralina. Aludindo ainda à relação, escreve Melo Franco: "Rabelais leu-a seguramente, uma vez que cita nominalmente Pedro Álvares, cujo nome figura no texto da narrativa, o que lhe valeu, ainda recentemente, passar por autor da última", A. Arinos de Melo Franco, *O índio brasileiro e a Revolução Francesa*, p. 132.
12 "Delle Navigationi di Messer Alvise Da Ca Da Mosto Gentilhuomo Veneziano", Ramúsio, *Primo volume, & Seconda editione Delle Navigationi et Viaggi*, p. 109: "*questo fiume, secondo che dicono gli uomini sauij, è vn ramo del fiume Gion che vien dei paradiso terrestre*

NOTAS

> *et questo ramo fu chiamato da gli antichi Niger che vien bagnando tutta l'Ethiopia & appressandosi al mare oceano verso ponente doue sbocca, fa molti altrirami & fiumi oltra questo di Senega, & un altro ramo dal detto fiume Gion è il Nilo qual passa l'Egito, & mette capo nel mare nostro mediterraneo, & questa è la oppenione di quelli che hanno cercato il mondo".*

13 Sêneca, *Nat. Quaest*, lib. IV — A 11.
14 Dr. Richard Hennig, *Terrae Incognitae*, I, p. 67.
15 Howard Rollin Patch, *The other world according to descriptions in medieval literature*, p. 144.
16 *Le navigationi atlantiche de Alvise Da Ca Da Mosto*, p. 207, n.
17 Dr. Richard Hennig, *Terrae Incognitae*, I, p. 102.
18 "Delle navigazioni di Messer Alvise Da Ca Da Mosto...", *in* Ramúsio, op. cit., I, p. 118.
19 João de Barros, *Décadas*, I, Liv. IV, C. VII.
20 Duarte Pacheco Pereira, *Esmeraldo De Situ Orbis*, liv. I, cap. 27. Não é evidente como ao visconde de Santarém quis parecer, que existisse alusão à localidade do Paraíso em certa passagem de Zurara onde, em resposta a Gomes Pires, capitão de uma caravela de el-rei que se propunha descer ao longo da costa da África até a terra dos negros, especialmente ao rio Nilo, isto é, o Níger, assim lhe teria dito Álvaro de Freitas: *"nem eu nom sou homem pera me afastar de tal companhya, mas vaamos hu quiserdes siquer ataa o Paraíso Terreal"*, cf. Gomes Eanes de Zurara, *Crônica do descobrimento e conquista de Guiné*, ed. anotada pelo visconde de Santarém, pp. 272 ss., n. Justifica-se mal, entretanto, a ênfase com que tal interpretação é repelida por um anotador recente da mesma *Crônica*, onde escreve: "Ao contrário do que diz Santarém, em nota, esta frase de Álvaro de Freitas mostra mais desprezo pela geografia da Idade Média, que crença nos seus erros. Aquele valente navegador exprime assim, risonho, que está disposto a ir desinteressadamente até ao fim do mundo, só para ver como ele é de fato. Isto não quer dizer que acredita que, continuando a navegar, possa chegar ao Paraíso dos teólogos e do

poema de Dante", Gomes Eanes de Zurara, *Crônica do descobrimento e conquista da Guiné*, ed. da Livraria Civilização, II, p. 63, nota de José de Bragança.
21 Dom Eduarte, *Leal conselheiro*, p. 15.
22 *Os lusíadas*, X, 150.
23 Aubrey Bell, *A literatura portuguesa*, p. 294.
24 Joaquim de Carvalho, *Estudos sobre a cultura portuguesa do século XVI*, I, p. 55.
25 Leonardo Olschki, *Storia Letteraria delle Scoperte Geografiche*, pp. 34 ss. Tornam-se inevitáveis, contudo, alguns reparos às circunstâncias históricas que se relatam nesse trecho. Assim é que o descobrimento e consequente posse do Cabo Branco pelos portugueses data, segundo as melhores probabilidades, de 1441, não de 1445. E foi devido a Nuno Tristão, não a Dinis Dias: a ação deste último anda associada ao descobrimento do Cabo Verde, no continente, não ao do Branco. Nada autoriza a crer, além disso, que Álvaro Fernandes tivesse atingido o rio Grande, ou seja, o Geba atual, célebre pelo fenômeno do *macaréu*. Finalmente não parece muito exato, no caso de Vasco da Gama, relacionar-se o aproveitamento do imenso mercado indiano, em nome do soberano português, com o fato de o grande navegador ter sido feito vizo-rei da Índia. A verdade é que o Gama só exerceu esse posto durante os últimos três meses, mal contados, de 1524, quando pouco tempo lhe sobraria para enfrentar a oposição dos muçulmanos do Malabar.
26 "[...] *y agora entre tanto que vengam à noticia desto destas terras que agora nuevamente tengo asentado en el ánima que alli es el Paraiso terrenal, irá el adelantado con tres navios bien ataviados para ello á ver más adelante, y descobrirlo todo hácia aquellas partes*", Navarrete, *Colección de los viajes y descubrimientos que hicieron por mar los españoles*, I, pp. 386 ss.
27 Samuel Eliot Morison, *Christopher Columbus, Mariner*, p. 82. A esse respeito observa ainda o mesmo historiador que sendo os coqueiros uma planta hoje tão característica da costa do mar das Antilhas, muitos se esquecem de que foram introduzidos ali pelos espanhóis.

NOTAS

28 D. Martin Fernandez Navarrete, *Collección de los viajes y descubrimientos*, I, p. 428: "*Josefo quiere que este oro se hobiese en la Aurea: si así fuese digo que aquellas minas de la Aurea son unas y se convienen con estas de Veragua, que como yo dije arriba se alarga al Poniente 20 jornadas, y son en una distancia lejos del polo y de la linea. Salomon compró todo aquello, oro, piedras y plata, alli le pueden mandar á coger si les aplace*".

29 D. Martin Fernandez Navarrete, *Colección de los viajes y descubrimientos*, I, pp. 427 ss.: "*el oro es excelentísimo: del oro se hace tesoro y con él, quien lo tiene, hace quanto quiere en el mundo, y llega à que echa las almas al paraiso*".

1ª EDIÇÃO [2012] 7 reimpressões

Esta obra foi composta em Sabon por Alice Viggiani e impressa em ofsete pela Geográfica sobre papel Pólen Soft da Suzano S.A. para a Editora Schwarcz em janeiro de 2024

A marca FSC® é a garantia de que a madeira utilizada na fabricação do papel deste livro provém de florestas que foram gerenciadas de maneira ambientalmente correta, socialmente justa e economicamente viável, além de outras fontes de origem controlada.